DU MÊME AUTEUR

Aux Éditions de la Table Ronde.

L'ALOUETTE.
ANTIGONE.
ARDÈLE OU LA MARGUERITE.
CÉCILE OU L'ÉCOLE DES PÈRES.
MÉDÉE.
ORNIFLE OU LE COURANT D'AIR.
LA VALSE DES TORÉADORS.

PIÈCES BRILLANTES.
PIÈCES GRINÇANTES.
PIÈCES NOIRES.
NOUVELLES PIÈCES NOIRES.
PIÈCES ROSES.

L'HURLUBERLU

ou
Le réactionnaire
amoureux

JEAN ANOUILH

L'HURLUBERLU

ou
le réactionnaire
amoureux

LA TABLE RONDE
40, RUE DU BAC — VIIᵉ
PARIS

L'HURLUBERLU ou le réactionnaire amoureux *a été créé à la Comédie des Champs-Élysées–Claude Sainval, le 5 février 1959, dans une mise en scène de* ROLAND PIÉTRI *et des décors de* JEAN-DENIS MALCLÈS, *avec la distribution suivante : Le Général,* PAUL MEURISSE; *Le Docteur,* ROLAND PIÉTRI; *Marie-Christine,* JACQUELINE LEMAIRE; *Le Fils du Laitier,* PAUL BISCIGLIA; *Toto,* JEAN-FRANÇOIS DIFIORE; *Le Laitier,* JACQUES BERTRAND; *Le Curé,* CAMILLE GUÉRINI; *Sophie,* ÉDITH SCOB; *David-Edward Mendigalès,* JEAN CLAUDIO; *Tante Bise,* MARIE LEDUC; *Aglaé,* MARIE-JOSÉ MARTEL; *Lebelluc,* CHRISTIAN LUDE; *Ledadu,* MARCEL PÉRÈS; *Belazor,* HUBERT DES-CHAMPS.

PERSONNAGES

LE GÉNÉRAL.

LE BARON BELAZOR
LEBELLUC } ses amis.
LE DOCTEUR

LEDADU, quincaillier.
LE CURÉ.
DAVID EDWARD MENDIGALES, jeune
  homme amoureux de Sophie.

TOTO, fils du général.
LE FILS DU LAITIER.
LE LAITIER.

AGLAÉ, femme du général.
MARIE-CHRISTINE, sa fille.
SOPHIE, fille d'un premier lit.
TANTE BISE, sa sœur.

PREMIER ACTE

Le bureau du général. Armes, souvenirs colo-niaux, une carte de France au mur avec des petits drapeaux. Paysage typique de province française avec un clocher dominant une petite ville par la fenêtre. Deux portes-fenêtres donnent sur un jardin. En scène, le général et le docteur. Le général est en robe de chambre, le docteur l'ausculte.

LE GÉNÉRAL

Nommé général de brigade par décret du Ier février. Trente-huit ans aux fraises! C'était joli, convenez-en. J'enlève enfin mes ficelles, je me colle mon étoile sur la manche, et je me dis : « Ça y est! » Avec un peu de chance, l'Europe explose, une jolie campagne et je démarre. Le 27 du même mois, cent quatre-vingts jours d'arrêts de forteresse, pour avoir conspiré contre le régime. Ils me collent à Pontségur, dans les Pyrénées, bâtiment du XIVe, remarquablement amélioré par Vauban du point de vue défense, mais pas du point

de vue confort. Il faisait un froid, mon ami!
Je crevais là-dedans. Et les deux couvertures
réglementaires! Ils me l'appliquaient, je vous
le jure, le règlement! La République est bonne
fille, athénienne comme on dit; c'est tout
ronds de jambes, sourires, bureaux de tabac
aux dames, facilités aux copains, mais quand
elle tient un de ses ennemis : spartiate, qu'elle
redevient!... Ça ne fait rien. Gymnastique
quotidienne, douche froide par moins douze;
ils ne se connaissaient pas : je résiste. Ils se
libèrent le 14 juillet. Tenez-vous bien, en
l'honneur de la prise de la Bastille. Me faire
ça, à moi! Ils ont dû s'en payer une pinte,
les francs-maçons du ministère! Treize jours
de remise de peine, pour se donner les gants
d'être généreux, et le camouflet! Bon. J'avale
l'affront et je sors quand même. Qu'est-ce que
vous vouliez que je fasse? Je ne pouvais tout
de même pas y rester de force, dans leur
machin... Ces endroits-là, c'est aussi difficile
d'y rester que d'en sortir. Me voilà dans la
rue, puant la frite et le vin rouge, au milieu
de l'allégresse populaire, mon petit baluchon
à la main. Je me bouche le nez et les oreilles,
j'évite deux ou trois fanfares et j'enfile la route
de la gare : sept kilomètres en plein soleil. Pas
question d'avoir une voiture. Le seul loueur
du pays était l'adjoint au maire socialiste, il
m'aurait dit non et moi aussi. Il faisait une
chaleur ce jour-là! Par esprit de contradic-
tion, moi qui avais tenu six mois dans leur

caveau (peut-être parce que j'étais vexé du coup du 14 juillet : moindre défense), je prends un sale rhume. Quatre mois de convalescence, au cours desquels j'apprends ma mise en disponibilité. Le plus jeune général de France et le plus jeune limogé ! J'avais tous les titres : c'était complet !... Je me retire ici, je me marie, je me mets sérieusement aux choux et aux salades, je fais des enfants, mais c'est une activité temporaire : peu à peu l'inaction me pèse. Je songe à écrire mes Mémoires, comme tous les généraux. Je mets le titre en haut d'une page : chapitre un. Je pose la plume un instant pour réfléchir (imprudence que les généraux ne commettent jamais d'habitude) et je m'aperçois que je n'avais rien à dire... Là, je vous avoue, mon ami, j'ai eu une faiblesse ! Ma première — et la dernière, d'ailleurs. Le trou noir du désespoir, et moi debout, devant, comme un grand imbécile... C'était donc ça, la vie ?...

LE DOCTEUR

Je vais vous prendre votre tension.

LE GÉNÉRAL

Soudain, un beau matin, et par hasard (je vous dirai comment tout à l'heure), je découvre l'existence des vers. J'étais sauvé !

LE DOCTEUR, *qui a pris son tensiomètre.*

Des vers ?

LE GÉNÉRAL

Je vous rassure. Je ne me suis pas mis à la poésie. C'était trop tard. C'est une dame qu'on rencontre jeune. Et je n'ai jamais été foutu d'écrire trois mots. Je parle des vrais vers, des petites bêtes grouillantes. Je me suis aperçu que si cela ne tournait plus rond en France, et depuis longtemps, c'est qu'il y avait des vers dans le fruit. Tout était clair enfin : la France était véreuse !

LE DOCTEUR, *distrait, lui prenant la tension.*

Ah ah ?

LE GÉNÉRAL

Le monde entier d'ailleurs. Mais moi, le monde, je m'en fous ! Je suis français, j'avais d'abord à m'occuper de la France.

LE DOCTEUR, *qui a replié son tensiomètre.*

Dites-moi, Général, la France est peut-être véreuse, mais vous, ça ne va pas fort non plus. Vous savez que vous avez vingt-deux ?

LE GÉNÉRAL

De minimum ?

LE DOCTEUR

Non, de maximum. Cela suffit. Mais je n'aime pas beaucoup ça ! Mon prédécesseur ne s'était jamais inquiété de ce chiffre ?

LE GÉNÉRAL, *qui se rhabille.*

Je vais vous dire : lui, il avait vingt-sept. Il me disait : « Veinard ! en refermant sa trousse ; vous n'avez que vingt-deux. Vous êtes un jeune homme ! » Il me tendait un de ses cigares ; j'allais chercher mon flacon de porto, et nous le vidions tranquillement ensemble en parlant de l'ouverture de la chasse.

Il a été chercher le flacon sur un meuble proche ; il sert le docteur.

LE DOCTEUR

Très peu, très peu. Moi aussi, j'ai vingt-deux.

LE GÉNÉRAL, *ravi.*

C'est vrai ? Ça me fait plaisir ! Vous m'êtes de plus en plus sympathique, Docteur. Je sens que nous allons devenir une paire d'amis. A votre santé !

LE DOCTEUR

A la vôtre ! Mais pensons-y, il faut vous soigner.

LE GÉNÉRAL

Bien sûr. Il faut toujours faire ce qu'il faut. Je prendrai toutes vos pilules, mais vous savez, quand on a passé sa vie à se faire tirer dessus, on envisage ça beaucoup plus tranquillement qu'un pékin. On s'en fait un monde, de l'autre. Mais il y a au moins une chance sur deux pour que ce soit mieux qu'ici. *(Il se rap-proche.)* Je vais vous dire le vrai, docteur, maintenant que vous avez rangé vos outils. Je ne vous ai demandé une consultation, que pour faire un peu mieux connaissance. Il y a beau temps que je le sais que j'ai vingt-deux... Il faut guérir la France de ses vers — d'abord! Après, on se prendra sa tension. Vous êtes nouveau dans le pays, mais je sais, qu'en gros, vous pensez comme moi. Je conspire. Vou-lez-vous en être?

LE DOCTEUR *a un geste épouvanté.*

Brou! Avec mes consultations... Levé à sept heures, couché à minuit, je n'ai plus beau-coup de temps pour conspirer. Et pour peu que j'aie un accouchement ou deux par là-des-sus, comme aujourd'hui...

LE GÉNÉRAL

C'est la France qu'il faut accoucher, Doc-teur. Vos bonnes femmes, elles attendront!

LE DOCTEUR

Vous savez, quand elles en sont à la pièce de cent sous, mes bonnes femmes, comme vous dites...

LE GÉNÉRAL

Eh bien, elles les pousseront toutes seules, leurs lardons! La paysanne est solide dans le canton. La France est une grande bête de race blessée, qui ne peut pas s'accoucher elle-même, et nous la regardons tous mourir comme des corniauds. Nous sommes ses fils, nous avons laissé les vers s'y mettre, et nous sommes là à nous demander, autour de son lit de mort, si nous changerons notre automobile, ou si nous réussirons à frauder le fisc cette année.

LE DOCTEUR, *en confidence.*

Moi, je suis au forfait...

LE GÉNÉRAL, *même jeu.*

Moi, on me retient ça sur ma solde. Mais cela ne fait rien. Nous y pensons tous! Ou à quelque chose d'équivalent. Nous pensons tous à nous procurer quelque chose qui pourrait nous la rendre plus agréable, plus facile à vivre, notre petite vie... Encore un peu plus de confort! C'est notre cri de guerre!... Ça nous a remplacé Montjoie Saint-Denis... Toute l'ingéniosité des hommes, qui a longtemps été tournée vers la grandeur et la beauté, tend maintenant à leur procurer quelque chose d'un peu plus mou sous leurs fesses, quand ils s'assoient. Un truc qui leur évite de moudre leur café; de cirer leurs chaussures; qui leur permette de boire un peu plus frais l'été; d'avoir un peu plus chaud l'hiver, sans avoir à casser leur bois; de se raser sans avoir à se raser...

LE DOCTEUR

Ce qui est bien agréable!...

LE GÉNÉRAL *explose.*

Qu'est-ce que vous voulez que cela me foute, à moi, que ce soit agréable? C'est dégoûtant! Vous voyez où cela nous a menés! A la musique sans se donner la peine d'en faire, au sport qu'on regarde; aux livres qu'on ne fait même plus l'effort de lire (on les résume pour vous, c'est tellement plus commode et plus vite fait), aux idées sans penser, à l'argent sans suer, au goût sans en avoir (il y a des magazines spécialisés qui s'en chargent). Truquer! Voilà l'idéal. Je vais vous dire, Docteur, c'est une morale de vers! C'est eux qui nous ont appris ça, peu à peu.

LE DOCTEUR

Allons donc!

LE GÉNÉRAL

Si, Docteur! Le ver, il a presque la même couleur que la pulpe. Par un curieux phénomène de mimétisme, il arrive à lui ressembler, on le croque parfois sans s'en apercevoir, mais il n'est pas du fruit. Le fruit, lui, le ver, il s'en fout! Il a ses droits imprescriptibles de ver — pour lesquels on est toujours prêt à mobiliser la conscience universelle — mais il n'a pas de devoirs. Voilà sa force.

(Il se lève et déclame soudain.)

« France, mère des arts, des armes et des lois... »

Vous pouvez toujours lui chanter ça! C'est de l'hébreu pour lui. Il n'est pas en chair de pomme. Il est en chair de ver. Qu'il soit dans une pomme saine ou dans une poire blette, pour lui, c'est pareil, pourvu qu'il creuse. La seule chose qui le préoccupe, c'est de faire son trou.

LE DOCTEUR *ricane.*

Mais c'est du Corneille que vous me servez là!

« Aux gens bien nés, que la patrie est chère!... »

LE GÉNÉRAL

Oui. C'est un alexandrin qui me faisait rigoler à quinze ans, comme tout le monde. Maintenant que je vieillis, il me laisse rêveur.

LE DOCTEUR

Vous les estimez tellement, les gens bien nés? Avant de venir m'enterrer ici, j'avais une clientèle très bourgeoise à Montluçon et je dois vous dire...

LE GÉNÉRAL *le coupe.*

Ne me faites pas dire ce que je ne veux pas dire, Docteur! Il y a en France des millions de paysans et d'ouvriers bien nés. Il y en a même plus que de bourgeois, tout compte

2

fait. Il suffirait peut-être de leur réapprendre ce que c'est que la rigueur. Ils le savaient autrefois. *(On frappe. Il grogne.)* Qu'est-ce que c'est?

UNE VOIX AIGUE

Papa!

LE GÉNÉRAL *crie*.

J'ai dit qu'on ne me dérange pas! Je suis avec le docteur qui m'ausculte.

LA VOIX

Il y a longtemps que vous avez fini! Je vous regarde par le trou de la serrure. Vous bavardez. Papa, il faut absolument que je te parle!

Entre Marie-Christine.

MARIE-CHRISTINE

Papa! Il y a le fils du laitier qui m'a pincé le derrière.

LE GÉNÉRAL

Fiche-lui une gifle!

MARIE-CHRISTINE

Il me l'a rendue.

LE GÉNÉRAL

Dis-lui que j'irai lui tirer les oreilles!

MARIE-CHRISTINE

Il a dit que tu étais un sale fasciste et que

si tu le touchais, il le dirait à son père qui viendrait te demander des explications.

LE GÉNÉRAL

Eh bien, qu'il l'envoie, son père! Je lui en foutrai, moi, des explications!

MARIE-CHRISTINE

Il a dit que son père était plus fort que toi.

LE GÉNÉRAL

C'est exact, d'ailleurs. C'est bon. Laisse-moi. J'aviserai. *(Sort Marie-Christine.)* Voilà où nous en sommes, Docteur!

LE DOCTEUR

Méfiez-vous du laitier, Général. Il peut tout à la mairie. Vous aurez des ennuis avec vos ordures; on ne videra plus vos boîtes : on s'apercevra que votre fosse d'aisances n'est pas en règle; que votre potager mord sur le terrain communal, que sais-je? Vous n'en finirez plus.

LE GÉNÉRAL

Les tracasseries, je m'y suis fait en prison.

LE DOCTEUR

Et puis c'est une brute.

LE GÉNÉRAL

Moi aussi.

LE DOCTEUR

Oui, mais vous êtes une brute maigre et
lui, il pèse cent vingt kilos.

LE GÉNÉRAL

Qu'est-ce qu'il peut? M'assommer douze
fois? Je me relèverai douze fois et je lui remet-
trai douze fois ma main sur la figure. Car il
y a une chose que je sais et que lui ne sait
pas, c'est qu'on ne peut rien sur un homme.
J'ai bouffé du mininistafia!

LE DOCTEUR

Du mininistafia?

LE GÉNÉRAL

Oui, c'était un rouleau de papier rouge
glacé, qu'on avait trouvé dans le grenier avec
mes cousins, à douze ans. Quand on avait
quelque chose d'un peu hasardeux à faire,
une expédition à coups de pierres contre les
morveux du village voisin, par exemple, on
en mangeait un morceau et on ne craignait
plus rien. Depuis qu'ils m'ont mis à la retraite,
j'ai bouffé du mininistafia. Je ne lâcherai plus
un pouce de terrain!

LE DOCTEUR

Vous voulez leur apprendre aussi l'honneur?

LE GÉNÉRAL

Aux meilleurs. Aux autres, je voudrais leur en redonner la nostalgie vague et l'étonnement. C'est en étant capable de mourir pour une chose incompréhensible au plus grand nombre qu'une petite race d'hommes a réussi, pendant des siècles, à se faire respecter du troupeau. Pas pour autre chose, quoi qu'en dise votre ami l'instituteur!

LE DOCTEUR

Boh! C'est un brave homme!

LE GÉNÉRAL

Je le sais que c'est un brave homme! Mais alors, qu'il reconnaisse que j'en suis un aussi. Je ne le traite pas de vipère lubrique, moi. Je dis qu'il est seulement un peu con.

LE DOCTEUR, *choqué.*

Général!

LE GÉNÉRAL

Quoi, Général? Vous êtes bien élevé, vous? Mettons sot, si cela vous apaise. Il y a le même nombre de lettres, et n'en parlons plus.

LE DOCTEUR *prend son chapeau pour partir.*

Général, décidément je ne suis pas des vôtres... Si vous vouliez vous emparer du poste des pompiers ou du bâtiment de la mairie, il y a tant de gâchis que je vous suivrais peut-être pour voir ce que cela peut donner de mieux... Mais j'ai l'impression que vous voulez conspirer contre ce qu'on appelle maintenant le fil de l'histoire. Et je vous avertis que ça, il faut vous faire à cette idée, c'est sans espoir.

LE GÉNÉRAL

Vous me faites rire! De tous les temps, il y a eu des mots, comme ça, qui faisaient peur... Votre fil de l'histoire, pour la moitié de vos lascars, il sert avant tout à couper le beurre et pour l'autre moitié, c'est du charabia. Mais je vois que je vous retarde, Docteur. Vous devez avoir douze pets en travers remboursés par la Sécurité Sociale qui vous attendent... Ça aussi, c'est le progrès, Docteur! L'ascension du pauvre au pet en travers. Autrefois, c'était réservé à quelques vieilles rombières qui n'avaient pas que ça à faire. Il est vrai que la médecine y gagne...

LE DOCTEUR, *soudain soucieux.*

Pas tellement! Il est question de nous imposer un tarif.

LE GÉNÉRAL, *rigolant.*

Vous l'avez voulu que tout le monde soit malade!... Vous en avez assez écrit des articles dans les magazines, pour nous faire peur. Eh bien, résignez-vous, maintenant, à ce que le malade vaille moins cher. Il y a pléthore! Vous vous rattraperez sur le nombre des clystères...

LE DOCTEUR

Oui, mais c'est éreintant.

LE GÉNÉRAL,
lui tapant sur l'épaule, goguenard.

Tant mieux! Cela vous apprendra peut-être votre métier. Il y a cinq mille ans que vous ne le savez pas... Allez! Je vous remets à votre voiture. Vous la changez cette année? Elles n'ont plus l'air de savonnettes, on dirait des suppositoires maintenant. Mais les coussins sont de plus en plus mous. Rien n'arrêtera la marche du progrès!

LE DOCTEUR

Quel homme! Étonnez-vous, après, si vous avez trop de tension...

Ils sont sortis par une des portes-fenêtres du jardin.

MARIE-CHRISTINE *entre, glapissant.*

Papa! Le fils du laitier a dit qu'il défendrait jusqu'au bout les droits sacrés de la classe ouvrière et que si tu essayais de le gronder, il te montrerait la peau de son...

(Elle s'aperçoit que le général n'est plus là.)

Zut! Il n'est plus là! *(Elle crie vers les cou-*
lisses.) Viens, si tu oses!

LE FILS DU LAITIER *entre, suivi de Toto.*

Je t'ai dit qu'il ne me faisait pas peur, ton
père! *(Il s'arrête.)* C'est là son bureau?

MARIE-CHRISTINE

Oui.

LE FILS DU LAITIER

C'est à lui tous ces sabres?

MARIE-CHRISTINE

Oui.

LE FILS DU LAITIER

Et c'est avec ça qu'il les tuait, les arabes?

MARIE-CHRISTINE

Oui.

LE FILS DU LAITIER

A cheval?

MARIE-CHRISTINE

Oui.

LE FILS DU LAITIER, *après un silence.*

Tous les peuples sont frères, mais tout de
même... Ça devait être drôlement marrant...
Je peux en toucher un?

MARIE-CHRISTINE *va décrocher un sabre.*

Si tu veux. Tiens.

LE FILS DU LAITIER

Qu'est-ce qu'il dira?

MARIE-CHRISTINE

Tu verras bien.

LE FILS DU LAITIER, *émerveillé,*
le sabre en main.

Oh! dis donc!... Comme Buffalo Bill! *(Il caracole, frappant de droite et de gauche.)* Sur les arabes, c'est dégoûtant, c'est des français comme les autres; mais sur les indiens, qu'est-ce que je leur aurais mis! *(Il avise Toto qui est entré.)* Donnes-en un autre à ton frère... Ça serait lui, les indiens! Ils t'auraient enlevée, tu comprends, les salopards, et moi je viendrais te délivrer... Allez, vas-y, toi! Défends-toi! Voilà Buffalo Bill qui attaque!... Je vais te l'apprendre, moi, à voler les femmes des blancs, sale raciste!...

> *Il pousse son cri de guerre modulé et fonce au galop de son cheval sur Toto terrifié. Son rodéo l'amène nez à nez avec le général qui rentrait. Il s'arrête net.*

LE GÉNÉRAL

Repos!

LE FILS DU LAITIER, *piteux,*
baissant son sabre.

Oui, M'sieu.

LE GÉNÉRAL *le considère.*

Quel est le manche à balai qui t'a appris à
tenir un sabre?

LE FILS DU LAITIER

Personne, M'sieu.

LE GÉNÉRAL

Jolie éducation! Qu'est-ce qu'il t'apprend à
l'école l'instituteur? L'arithmétique? On sait
toujours trop bien compter, mais on ne sait pas
toujours se battre. Tu lui diras ça de ma part.
Comme ça, bougre de galapiat! *(Il décroche
un autre sabre.)* En garde. Plus haut. Je pousse.
Tu pares. Tu pousses. Je pare. Fends-toi!
Pas mal.

Le laitier est apparu sur le seuil, géant
en blouse grise, comme la statue du
Commandeur. Coup d'œil. Il va reprendre
son fils par la main et l'emmène lançant
au général.

LE LAITIER, *sombre.*

C'est du propre! Fasciste assassin! Buveur
de sang! Attendez un peu! Tout ça se paiera!

Il est sorti emmenant son fils.

LE GÉNÉRAL *se retourne*
vers Marie-Christine.

C'est ce corniaud-là qui te pince le derrière?

MARIE-CHRISTINE

Oui, papa.

LE GÉNÉRAL

Je ne te félicite pas. La prochaine fois, choi-sis-en un mieux bâti. *(Marie-Christine s'en va, vexée comme une femme. Le général va vers Toto qui tient toujours son sabre.)* Toi non plus, biscoco, tu n'es pas foutu de tenir un sabre à ce que je vois? Qu'est-ce qu'il t'apprend alors, ton père? Comme ça. C'est bon, je t'en achèterai un plus petit. *(Il raccroche ses sabres et demande :)* Il te fait peur, le fils du laitier?

TOTO

Oui.

LE GÉNÉRAL

Et qu'est-ce que tu fais, quand tu as peur?

TOTO

Je me sauve.

LE GÉNÉRAL

Dans quelle direction?

TOTO

Par derrière.

LE GÉNÉRAL

Écoute-moi bien, ce n'est pas difficile. La prochaine fois, quand tu auras peur, au lieu de te sauver par-derrière, sauve-toi par-devant. Devant ou derrière, qu'est-ce que ça peut bien te faire à toi, pourvu que tu courres?... Seulement, comme ça, c'est lui qui aura peur. Il n'y a pas d'autre secret. Au combat, tout le monde a peur. La seule différence est dans la direction qu'on prend pour courir.

TOTO

Et s'il n'a pas peur?

LE GÉNÉRAL

Si tu cours vite, il aura sûrement peur. Tu sais ce que c'est que du mininistafia?

TOTO

Non.

LE GÉNÉRAL

Je vais t'en donner un morceau. *(Il va fouiller dans le tiroir de son bureau et finit par trouver un morceau de buvard rouge.)* Tiens! Ça fera l'affaire. Il n'est plus d'aussi bonne qualité que celui d'avant-guerre, mais ça agit quand même. Voilà. Je ne t'en donne pas un gros morceau. Le mininistafia se fait rare de nos jours. Il faut l'économiser. Quand tu sens que tu vas avoir peur, tu en croques un tout petit bout.

TOTO

Et je l'avale?

LE GÉNÉRAL

Oui.

TOTO

Maman dira que c'est sale.

LE GÉNÉRAL

Les femmes ne comprennent pas grand-chose aux histoires de mininistafia. Il vaudra mieux ne pas lui en parler.

TOTO

Et si elle me dit : « Qu'est-ce que tu as dans la bouche? »

LE GÉNÉRAL

Tu avales d'abord, et tu lui réponds : « Rien. »

TOTO

Ça sera un mensonge. La dernière fois que tu m'as expliqué l'honneur, tu m'as dit que l'honneur commandait de ne pas mentir.

LE GÉNÉRAL

Oui. Mais quand il s'agit d'une question d'honneur, précisément, on prend ça sur soi et on ment quand même. Bon Dieu, que tout est difficile! Dépêche-toi de grandir. Je t'expli-

querai. Mais désormais, puisque tu ne risques
plus rien, maintenant que tu as du mininistafia, sauve-toi par-devant!

Entre le curé.

LE GÉNÉRAL

Bonjour, Monsieur le Curé!

LE CURÉ

Mon Général, il est cinq heures!

LE GÉNÉRAL, *à Toto.*

Laisse-nous, fiston. Nous avons, Monsieur
le Curé et moi, à discuter de graves questions
paroissiales.

LE CURÉ, *à Toto.*

Toi, je t'attends ce soir avec ta leçon de
catéchisme, sue cette fois! Et si tu bafouilles
encore, gare à tes fesses!

*Toto le regarde calmement en face,
mange un morceau de mininistafia et sort
dignement.*

LE CURÉ

Qu'est-ce qu'il a, cet enfant, à manger du
papier rouge?

LE GÉNÉRAL, *hypocrite.*

Je ne sais pas. *(Il enchaîne.)* Je suis à vous,
Monsieur le Curé. Mais je n'ai pas beaucoup
travaillé depuis lundi. J'ai eu des ennuis avec
mon thème.

LE CURÉ

Nous allons voir ça. *(Ils s'installent, le général en face de lui comme un écolier.)* Il s'agit de faire un sérieux effort, Général, ou je vous tape sur les doigts. Vous êtes grand, que diable!... Un peu de mémoire.

LE GÉNÉRAL

Justement. J'en ai trop vu. Elle est encombrée.

LE CURÉ

Si nous reprenions pour nous mettre en train nos chères petites déclinaisons?

> *Le général se met à réciter ses déclinaisons, se trompant souvent; chaque fois qu'il se trompe, le curé lui donne un petit coup de règle sur les doigts.*

LE GÉNÉRAL, *au bout d'un moment, soudain.*

Cela vous amuse de me voir faire le Jacques?

LE CURÉ

Non. Je trouve cela très touchant.

LE GÉNÉRAL

Qu'est-ce que vous auriez fait à ma place? Tête de bois, flemmard, un peu bouché, je n'ai jamais mordu au latin. On m'a mis à l'enseignement moderne et je m'en suis tiré

comme ça pour mes bachots. Devenu grand,
je me suis contenté de prendre l'air rêveur et
amusé d'un vrai latiniste quand les autres faisaient des citations. J'avais même, avec le
temps, si bien mis au point mon numéro que
je leur fichais des complexes. Ils s'excusaient
toujours de ne pas citer exactement. Mon
silence était lourd de savoir. C'est comme ça,
d'ailleurs, que je me suis aperçu que ceux qui
en avaient fait, ne le savaient pas non plus, le
latin. Tant que j'ai eu des filles, cela a été.
Mais voilà que ma femme me pond un fils, au
moment où je m'y attendais le moins. Je n'allais tout de même pas l'affubler d'un père qui
ne serait pas fichu de l'aider à faire ses devoirs?
J'ai décidé de prendre un peu d'avance sur
mon lascar et je m'y suis collé.

LE CURÉ

Père admirable! Je regrette parfois que vous
m'ayez demandé le secret. Je voudrais pouvoir citer en exemple cette admirable résolu-
tion!

LE GÉNÉRAL

C'est ça! Pour que tout le pays ait un motif
de plus de rigoler de moi. Il n'y a pas de
pères admirables, Monsieur le Curé. Le pélican, mettant ses tripes au menu de midi, ne
fait strictement que son devoir. Dieu m'a mis
à la tête de mes enfants comme à la tête d'un
petit royaume. Cela me donne le droit de leur

taper sur le derrière de temps en temps, mais, en contrepartie, l'obligation de leur faire croire que j'ai mérité mon autorité par des talents exceptionnels. Mon fils me prend pour un héros. Il est persuadé que je saute dix mètres à pieds joints, que je nage comme un poisson, que je suis capable d'assommer le laitier d'une pichenette. Mes vertus font partie de l'équilibre du monde pour lui. J'espère pouvoir tenir jusqu'à ses douze ans — approximativement. Après, mon Dieu, il faudra qu'il se fasse une juste idée des choses, comme tout le monde, et qu'il conclue que son père était en fait un vieux cornichon.

LE CURÉ, *choqué.*

Général!...

LE GÉNÉRAL, *goguenard.*

Quoi, Général? Ce sentiment lui sera aussi nécessaire pour devenir à son tour un homme que le respect que j'essaie de lui inculquer provisoirement. Mais nous faisons l'école buissonnière, mon fils pousse et je ne saurai jamais le latin avant lui. Où en étions-nous?

LE CURÉ

Nous en étions à la correction de notre petite version si vous le voulez bien. *(Il cite :)* «Induit Caesar vestem reversusque ad urbem.» Vous savez comment vous m'avez traduit ça? Entré dans la ville César retourna sa veste.

LE GÉNÉRAL, *vexé.*

Ce n'était pas ça? Cela me paraissait astucieux.

LE CURÉ

C'était astucieux, mais ce n'était pas ça. « Induit Caesar vestem reversusque ad urbem » se traduit par : « César mit sa toge et regagna la ville. »

LE GÉNÉRAL, *déçu.*

C'est moins bien.

LE CURÉ

C'est moins bien, mais c'est la traduction exacte.

LE GÉNÉRAL, *qui a pris un cigare, rêveur.*

Ah, Monsieur le Curé!... (Vous me permettez de fumer en classe?) Je me demande parfois si l'on n'a pas tort de s'obstiner à vouloir traduire exactement les choses...

LE CURÉ

Si on veut apprendre le latin, c'est indispensable.

LE GÉNÉRAL, *poursuivant son idée*
dans la fumée de son cigare.

D'abord, on n'y arrive jamais... Et ce grand souci scientifique, pour finir, nous masque les neuf dixièmes de la vérité qui, elle, est intraduisible. (Vous en savez quelque chose, c'est votre métier!) Oui, je me demande parfois si l'homme, tout bien pesé, n'a pas fait faire à la connaissance un énorme pas en arrière en renonçant à l'imagination et à la poésie comme moyens d'investigation scientifique... Newton l'aurait tout bonnement reçue sur son nez, en sommeillant sous son pommier, sa pomme, et il n'aurait pas été chercher plus loin... Je ne suis pas sûr que nous nous en serions plus mal portés!

LE CURÉ

C'est bien possible.

LE GÉNÉRAL

Nous faisons les flambards à appuyer sur tous nos petits boutons, mais qui sait si, avec notre civilisation rationaliste, il n'y a pas tout simplement trois cents ans que nous sommes couillonnés!

LE CURÉ, *pincé.*

Ce n'est pas là un mot latin.

LE GÉNÉRAL, *imperturbable
dans la fumée de son cigare.*

Non, Monsieur le Curé, c'est un mot français!

Entre brusquement Sophie.

SOPHIE

Papa! Oh pardon, Monsieur le Curé. Je croyais que papa était seul.

LE GÉNÉRAL *tonne, superbe.*

Ce n'était pas une raison pour entrer ici comme dans un moulin! J'aurais pu être en train d'écrire mes Mémoires!

SOPHIE, *calme.*

Tu sais bien que tu n'en as jamais écrit que le titre, papa. Et d'ailleurs, j'avais regardé par le trou de la serrure. Tu n'étais pas assis à ton bureau.

LE CURÉ *sourit.*

Je vois que les trous de serrures servent beaucoup dans cette maison.

LE GÉNÉRAL, *résigné.*

Beaucoup. Et on a une fois pour toutes perdu les clefs, afin que cela soit plus commode. Qu'est-ce que tu me voulais?

SOPHIE, *solennelle.*

Papa! David Edward Mendigalès est là.

LE GÉNÉRAL

Qui c'est ça, David Edward Mendigalès?

SOPHIE

Mon fiancé.

LE CURÉ *se retourne vers le général.*

Je ne savais pas l'heureuse nouvelle! Mademoiselle Sophie est fiancée?

LE GÉNÉRAL *a un geste.*

Je viens de l'apprendre, Monsieur le Curé.

LE CURÉ, *confus.*

Oh, pardon!

LE GÉNÉRAL

Ne vous excusez pas. C'est une nouvelle que j'apprends, sans trop d'étonnement, tous les trois mois.

SOPHIE, *blessée.*

C'est facile de te moquer, papa! L'autre été j'ai pu me tromper à Arcachon, avec Urbain Gravelotte, et même l'hiver dernier avec Jean-François-Marie Piedelièvre. J'étais encore bien jeune et, en somme, je n'avais dansé que trois fois avec lui. David Edward Mendigalès, lui, est l'homme de ma vie!

LE GÉNÉRAL *a un geste résigné.*

Alors, va le chercher.

Sophie sort.

LE GÉNÉRAL, *soucieux, au curé.*

Vous connaissez ça, vous, dans le pays,

David Edward Mendigalès? En tout cas, ce
n'est pas un nom breton.

LE CURÉ

Mendigalès? Ce nom me dit quelque
chose... Est-ce que le directeur de ces nouvelles grandes usines d'objets en plastique
n'est pas un certain Melchior Mendigalès?

LE GÉNÉRAL, *sombre.*

En plastique! Il ne manquait plus que ça.

LE CURÉ, *après une petite hésitation.*

Vous ne craignez pas, Général, qu'une —
toute sympathique d'ailleurs — impétuosité
de jeune fille, n'amène Mademoiselle Sophie...

LE GÉNÉRAL, *soucieux.*

Eh si! Je crains, Monsieur le Curé. Je
passe mon temps à craindre.

LE CURÉ

Il faut être ferme, Général! Sophie est
une enfant que vous avez gâtée...

LE GÉNÉRAL

Je veux bien plaider coupable pour simpli-
fier le débat, mon ami, mais vous y croyez,
vous, aux vertus de l'éducation sur les tem-
péraments? Sophie est le portrait craché de
sa mère. Et quand j'ai connu sa mère, pour

une courte liaison, au cours d'une tournée officielle du Théâtre national de l'Opéra-Comique, à Casablanca, où je commandais le Quatrième Spahis, elle avouait vingt-huit ans, mais elle en avait trente-deux. A cet âge-là, on ne peut tout de même pas dire que c'est moi qui l'avais gâtée!... D'ailleurs, je n'en aurais pas eu le temps. Six semaines de passion, assaisonnées de tentatives de suicide, toutes ratées, et de coups d'ongles au visage, et elle est venue m'annoncer, en pleurs, je dois le dire à sa décharge, qu'elle était tombée amoureuse de la basse. Une sorte d'empereur romain qui aurait plutôt eu une tête de garçon de café. J'ai souffert comme un chien; j'ai même passé une nuit entière à astiquer mon revolver d'ordonnance, comme un gamin, et puis la tournée a repris son périple, l'emportant, la basse et elle, et me laissant dans mon petit coin sombre, avec mon noir chagrin, comme dit l'autre — plus quelques notes de fournisseurs... Le bateau avait à peine quitté la rade, qu'une bonne âme devait m'apprendre, en outre, que, pendant ces six semaines où j'avais cru chanter Lakmé avec elle, elle n'avait pas cessé de me tromper avec le garçon d'ascenseur du Grand Hôtel. J'ai été reprendre l'ascenseur, une dernière fois, pour regarder ce jeune homme — ce que moi, je n'avais songé à faire, je l'avoue — celui-là avait l'air d'un ange... Ce qui ne m'a d'ailleurs pas consolé.

LE CURÉ, *gentiment.*

Pauvre ami!

LE GÉNÉRAL *a un geste.*

Un an plus tard Yasmina (Julie d'ailleurs, de son vrai nom) venait m'apporter le bébé, prétendant qu'il compromettait sa carrière, au cours d'une autre tournée officielle du Théâtre national de l'Opéra-Comique (en Égypte cette fois, où j'avais été nommé attaché militaire) et je confiai le fruit de nos amours coupables (c'est bien comme cela que vous dites dans votre jargon?) aux bonnes sœurs de la Mission française à Alexandrie... Des éducatrices, elles, n'est-ce pas? Célèbres dans tout le Moyen-Orient! Eh bien, vous voyez le résultat? Sophie est Sophie. Que vouliez-vous donc qu'elle fût d'autre?

LE CURÉ, *après un petit silence prudent.*

Remarquez que si elle vous amène le jeune homme, c'est qu'il n'y a encore que demi-mal...

LE GÉNÉRAL

Ou qu'il est complètement consommé et qu'ils en sont aux conséquences. C'est ce que nous allons savoir dans un instant!

LE CURÉ *reprend ses livres et son béret.*

Il vaudrait peut-être mieux que je me retire...

LE GÉNÉRAL, *pris de panique.*

Non. Non. L'Église et l'Armée s'épaulant l'une l'autre, ce n'est pas trop pour soutenir le choc. Vous ne connaissez pas les filles, Monsieur le Curé!

Sophie entre avec un jeune homme.

SOPHIE

Papa! Je te présente David Edward Mendigalès.

LE GÉNÉRAL

Monsieur...

DAVID EDWARD MENDIGALÈS

Mon Général, je suis très fier de vous être présenté.

LE GÉNÉRAL *grommelle.*

Il n'y a pas de quoi.

SOPHIE

Papa! Ne commence pas à être désagréable avec David Edward.

LE GÉNÉRAL,
d'une éclatante mauvaise foi.

Je ne suis pas désagréable... Il me dit qu'il est fier de m'être présenté et je lui réponds : « Il n'y a pas de quoi. » Cela s'applique autant à moi qu'à lui. On marque un

temps et la conversation reprend. C'est ça,
les mondanités. Je suis sorti avant toi, ma
petite fille! Mais tu préfères que nous raison-
nions? Soit! Raisonnons! Je déteste raisonner,
mais je suis imbattable. Pourquoi êtes-vous
fier de m'être présenté, jeune homme?

DAVID EDWARD MENDIGALÈS

Parce que vous êtes un grand héros de la
France Libre, Général.

LE GÉNÉRAL *grommelle.*

Ça ne regarde personne.

DAVID EDWARD MENDIGALÈS

Excusez-moi, mais cela nous regarde tous.
Nous savons tout ce que nous vous devons.

LE GÉNÉRAL

Alors, vous en savez plus long que moi.
J'ai fait ce que j'ai cru être mon devoir, voilà
tout. J'ai des camarades de promotion qui
ont vu leur devoir autre part, avec la même
bonne foi, et eux, on les a déshonorés. C'est
pourquoi j'ai tout refusé en 1944, n'estimant
pas que le sort des armes, même tournant à
mon avantage, puisse décider de mon honneur.

DAVID EDWARD MENDIGALÈS

Votre honneur est indiscutable, Général.

LE GÉNÉRAL, *doucement*.

L'honneur est toujours fragile jeune homme. Il m'eût été désagréable d'avoir l'air d'un homme qui avait misé sur le bon cheval. Je me suis engagé, pour être franc moitié par humeur, dans une cause désespérée. Elle a triomphé. Bon. Je suis rentré sous ma tente. Pas de pourboires.

DAVID EDWARD MENDIGALÈS

Le mot est dur, mon Général!

LE GÉNÉRAL

La chose aussi, jeune homme. *(Il considère David Edward Mendigalès toujours aussi souriant et assuré.)* Mais quels sont donc vos titres, mon garçon, à part celui, assez commun, d'être amoureux de ma fille, pour venir me poser sous le nez des questions aussi personnelles?

DAVID EDWARD MENDIGALÈS

Papa aussi était dans la Résistance. Il fabriquait, au péril de sa vie, du faux béton pour les allemands. C'est en partie grâce à lui que le mur de l'Atlantique n'a pas tenu.

LE GÉNÉRAL

C'est bon. Vous le féliciterez de ma part. J'ai bien remarqué en débarquant qu'il y avait des coins où on entrait comme dans du beurre. Il aurait dû y épingler sa carte.

DAVID EDWARD MENDIGALÈS *continue sans percevoir l'ironie du général.*

Quant à moi, hélas! j'étais trop jeune. Je n'avais que douze ans. Mais j'ai toujours refusé les biscuits vitaminés du Maréchal au lycée. Et j'écoutais tous les soirs la radio de Londres sur un petit poste à galène que je m'étais fabriqué, clandestinement bien entendu. Même les soirs où papa, obligé par son double jeu, recevait, en serrant les poings de haine, des généraux allemands à dîner. Ces soirs-là, j'avoue que c'était assez dangereux.

LE GÉNÉRAL, *admiratif, lui pinçant l'oreille.*

Hé! hé! Voyez-moi ça! Et vous n'êtes pas décoré?

DAVID EDWARD MENDIGALÈS, *au fond de l'inconscience.*

Oh! c'était bien modeste...

LE GÉNÉRAL *lève un doigt sentencieux.*

En fait de résistance, avec le recul, jeune homme, rien n'est modeste.

LE CURÉ *intervient*
sentant que ça va se gâter.

Allons, allons, Général! Je sens que cette conversation s'engage mal.

LE GÉNÉRAL *s'éloigne, grommelant.*

Dégageons! Dégageons! Engagez. Dégagez. C'est tout le secret de l'escrime.

SOPHIE *éclate.*

Tu es odieux, papa! Un jour, je quitterai cette maison... Venez David Edward!

Elle l'entraîne.

DAVID EDWARD MENDIGALÈS, *sortant digne,*
après avoir esquissé un garde-à-vous.

Mon Général...

LE GÉNÉRAL, *quand il est sorti.*

Eh bien, il est très gentil ce garçon! Il n'a pas des idées bien nettes, mais il les défend.

LE CURÉ, *avec reproche*
et un soupçon d'emphase professionnelle.

Mon fils! Permettez-moi de vous appeler mon fils...

LE GÉNÉRAL

Allez-y! Ça me rajeunira. J'en ai besoin.

LE CURÉ

Pourquoi ce goût continuel du scandale?...
Pourquoi ce besoin de provoquer, de salir,
de remuer toujours la boue, dont nous savons
tous, hélas, que la pauvre chair humaine est
faite? N'y a-t-il pas aussi l'esprit?

LE GÉNÉRAL *grommelle*.

Il ne vaut guère mieux.

LE CURÉ, *continuant, plus simple*.

Dieu vous a comblé de ses dons. Force,
intelligence, courage — quoi que vous pré-
tendiez — vie aisée, famille heureuse (avec
les quelques petits désordres qui sont le lot
secret de toutes les familles) et vous êtes là,
crachant le mépris, étalant le mal, abusant de
ce redoutable talent qu'il vous a donné aussi,
hélas! de le faire drôlement. Étonnez-vous
après, vous qui ne rêvez secrètement, je le
sais, que d'être aimé, vous qui n'êtes que
tendresse, que l'on ne vous aime pas... Que
vos censeurs, les mieux disposés jusqu'ici à
votre égard, vous crient maintenant : « Assez!
Assez! Nous ne voulons plus vous écouter,
même s'il vous arrive quelquefois d'être drôle!
Laissez-nous le monde tel que nous voulons
faire semblant de croire qu'il est; laissez-nous
un peu tranquilles!... Les hommes ont droit
à la tranquillité, fût-elle mensongère. Mon fils!
Je vous redis mon fils, malgré vos sarcasmes,

tant pis si vous vous moquez de moi, pourquoi tant de haine?

LE GÉNÉRAL, *d'un ton uni,*
un peu gêné soudain.

Ce n'est pas de la haine, mon Père. C'est
de la peine. Il y a un demi-siècle que j'ai
de la peine. Cela commence à devenir long.
Petit garçon, j'avais vu ça tout autrement. Je
ne m'en suis pas remis.

LE CURÉ, *doucement aussi,*
après un petit temps.

Mais c'est tout autrement, bien sûr, ici.
Nous l'avons tous constaté. Il faut nous armer
de patience et de courage.

LE GÉNÉRAL

La patience, je n'en ai jamais eu. Je ne
me referai pas. Pour le courage, j'essaie. *(Il
prend soudain un bout de buvard rouge sur le
bureau et le mâche, il en tend un bout au curé.)*
Vous en voulez un bout?

LE CURÉ, *ahuri.*

Un bout de quoi? Ça se mange?

LE GÉNÉRAL *éclate de rire, en voyant le
curé qui considère avec méfiance son bout de
buvard.*

Oui, Monsieur le Curé. Mais c'est comme
pour l'Autre, il faut y croire! *(Il s'exclame,*

goguenard et confus.) Oh, qu'elle est de mauvais goût celle-là! Ça n'empêche pas les sentiments, allez!

> *Il l'embrasse soudain. Tante Bise entre brusquement et s'arrête sur le seuil criant : « Ludovic! »*

LE GÉNÉRAL, *qui a sursauté tout de même.*

Quoi, Ludovic? C'est Monsieur le Curé! Je vais vous dire, la dernière fois, ma sœur m'a trouvé en train d'embrasser la bonne. *(Il se reprend.)* En tout bien tout honneur. Sans cela, je ne vous le dirais pas, Monsieur le Curé! Cette fille venait de m'annoncer qu'elle attendait un enfant. *(Il rectifie encore.)* Un enfant du facteur, bien entendu! D'ailleurs, la preuve est faite, Dieu merci, il lui ressemble. Il a déjà le nez rouge. Vous l'avez baptisé le mois dernier.

LE CURÉ, *qui a repris ses cahiers.*

Le petit Stanislas-Xavier Pincefroid?

LE GÉNÉRAL

Oui. C'est moi le parrain. Je lui avais proposé Jean, François ou Pierre comme tout le monde. Ils ont tenu à Stanislas-Xavier, avec un trait d'union. Le goût des prénoms nobles n'existe plus que chez les petites gens et, singulièrement, vous le voyez, dans les P. T. T.

La forte pratique du calendrier chez les facteurs, peut-être? Je vous mets jusqu'à votre vélo, Monsieur le Curé. Il roule toujours?

LE CURÉ, *saluant tante Bise en sortant.*

Je vous salue, Mademoiselle Bise! Il grince, mais il roule.

LE GÉNÉRAL

Allons, tant mieux! Dans un siècle où les objets les plus inattendus se piquent d'être aérodynamiques, seul, le vélo, Dieu merci, a gardé forme humaine... si j'ose dire! Je songe à m'en acheter un. Mais je le voudrais déjà grinçant. Je n'aime pas le neuf.

Ils sont sortis. Tante Bise est restée seule. On s'aperçoit alors qu'elle est en larmes, son mouchoir trempé roulé en boule à la main... Elle marche nerveusement dans la pièce se pressant les mains et s'écroule finalement en gémissant.

TANTE BISE

Jamais! Jamais je n'oserai l'avouer. A mon âge!...

Elle s'abîme dans un fauteuil. Le général, rentrant, la trouve dans cet état.

LE GÉNÉRAL

Allons bon! Qu'est-ce qu'il y a encore?

TANTE BISE *se redresse.*

Ludovic! Il n'y a qu'à toi que je peux me confier.

LE GÉNÉRAL *grommelle.*

Je le crains, hélas! Qu'est-ce qu'il y a?

TANTE BISE

Ludovic, je crois que je suis aimée.

LE GÉNÉRAL *sourcille.*

On aura tout vu!

TANTE BISE, *hoquetant.*

Par un homme.

LE GÉNÉRAL

C'est courant.

TANTE BISE

Un homme indigne.

LE GÉNÉRAL

C'est également courant. Mais c'est peut-être tout simplement un inconscient?

TANTE BISE *secoue la tête.*

Non! Je suis irrémédiablement compromise.

LE GÉNÉRAL

N'exagérons rien. On n'est jamais irrémédiablement compromis en France. Je connais des hommes qui avec deux banqueroutes publiques et une guerre ratée sur le dos, font encore figure de sages. Tu veux des noms?

TANTE BISE

Il ne s'agit pas de la France, Ludovic! La réputation d'une femme est infiniment plus fragile que celle d'un homme politique. Apprends-le.

LE GÉNÉRAL

Tu as du crédit, que diable! Voilà quarante et quelques années que la tienne est inattaquable... et inattaquée!

TANTE BISE

Ce temps virginal est passé.

LE GÉNÉRAL

Nom d'une pipe! Qu'est-ce que tu me chantes?

TANTE BISE, *dans un souffle.*

J'ai cédé.

LE GÉNÉRAL *a d'abord le souffle coupé, puis il éclate soudain de rire.*

Eh bien! mais cela me paraît plutôt une bonne nouvelle. *(Il ajoute, rêveur :)* Mais qui a pu?

TANTE BISE

Tu vois, Ludovic! Tu le cries toi-même, indigné. Qui a pu?

LE GÉNÉRAL

Mais, mais non! Pas indigné, je t'assure. Curieux, tout simplement.

TANTE BISE, *sombre*.

C'est un de tes amis, Ludovic! tu es mon grand frère, mon seul défenseur. J'entends que tu convoques cet homme et que tu le sommes de réparer. Ton honneur est en jeu.

LE GÉNÉRAL *grommelle*.

Mon honneur... Mon honneur! C'est vite dit. Avoue que tu le places dans de curieux endroits mon honneur.

TANTE BISE, *dressée comme une furie*.

Ludovic! Tu es un grossier personnage! Qu'as-tu osé croire?

LE GÉNÉRAL, *embarrassé*.

Je ne sais pas, moi... Tu roules ton mouchoir en boule. Tu sanglotes, tu me dis qu'on t'a compromise, que tu as cédé... Avertis si ce sont des métaphores et traduis-moi ça en bon français.

TANTE BISE

Christian Lebelluc, cet être séduisant et

indigne, a abusé de moi. Voilà. C'est français?

LE GÉNÉRAL *est d'abord interloqué,*
puis son œil s'allume, goguenard.

Lebelluc? Non?

TANTE BISE

Ton ami!

LE GÉNÉRAL

N'exagérons rien. C'est une bonne fourchette et je dîne avec lui une fois par semaine. Mais on peut être une bonne fourchette et... Qu'entends-tu au juste par abuser?

TANTE BISE, *pincée.*

Épargne-moi les précisions, Ludovic!

LE GÉNÉRAL

Ça serait trop facile. Tu penses bien que je ne vais pas me fourrer dans une histoire impossible sans précisions. Qu'entends-tu, dans ta maigre cervelle, par abuser?

TANTE BISE

Tu m'as demandé de te parler français. « Abuser » est un mot français, il me semble? *(Elle le toise, digne et brisée.)* C'est bien. Tu l'auras voulu. Je dirai tout. *(Elle commence.)* Christian Lebelluc me regardait depuis des années...

LE GÉNÉRAL

Quand il te rencontrait, comme tout le monde...

TANTE BISE

Pas comme tout le monde! Il y avait quelque chose dans son œil.

LE GÉNÉRAL

Tu as rêvé! Un peu de lumière, un reflet. Les peintres et les photographes te le diront. Les états d'âme, c'est une question d'éclairage... C'est comme cela qu'on fait du cinéma. Tu prends un imbécile qui ne pense à rien; tu lui fourres un projecteur dans l'œil en gros plan et cela te donne Pascal méditant le roseau pensant.

TANTE BISE *secoue la tête*.

Il n'y a pas de projecteur, Ludovic, qui fasse naître le reflet de la concupiscence.

LE GÉNÉRAL

Voire! La concupiscence est plus rare que ne se l'imaginent les vieilles filles.

TANTE BISE

D'ailleurs, tant qu'il ne s'est agi que d'un reflet dans son regard — dont il n'était peut-être pas le maître — je n'ai rien dit. Il y a quelques jours, il est passé aux gestes. Brusquement, un soir, dans une porte, sous le prétexte trop commode de me faire passer devant lui, il m'a effleuré la taille.

LE GÉNÉRAL *a un geste impatient.*

Passons!

TANTE BISE

Je suis passée. Mais quand je lui ai tendu sa tasse de thé un instant plus tard au salon, j'ai vu son regard briller d'envie.

LE GÉNÉRAL

Il adore le thé. Il avait peut-être soif.

TANTE BISE

Non. Il ne l'a même pas bu.

LE GÉNÉRAL

Il déteste le thé alors! Il aurait préféré du whisky.

TANTE BISE *secoue la tête,*
un sourire amer aux lèvres.

Non, Ludovic. Un tel regard ne peut tromper une femme. C'était de moi qu'il avait soif.

LE GÉNÉRAL

Cela me paraît invraisemblable, mais admettons. *(Il demande :)* Tu lui as donné à boire?

TANTE BISE *reste un instant tremblante d'une indignation lourde de silence outragé, puis elle clame.*

Je me tuerai, Ludovic!

> *Et elle sort en courant.*

LE GÉNÉRAL *court après elle jusqu'au seuil, lui criant.*

Ne te tue pas sans préciser, nom d'un chien! Tu lui as donné à boire?

> *Elle ne répond pas, courant sans doute comme une folle dans le jardin. Le général la regarde courir un instant, puis revient grommelant, goguenard.*

LE GÉNÉRAL

Quelle potion d'ailleurs! Pauvre Lebelluc! Le voilà dans de jolis draps.

> *Aglaé est entrée. C'est une jeune personne, beaucoup plus jeune que le général, charmante, douce et secrète, avec quelque chose d'un peu dur, sous sa douceur. Elle tient une brassée de fleurs vivaces de toutes les couleurs, qu'elle disposera dans un vase en parlant.*

AGLAÉ, *doucement.*

Je vous cherchais.

> *Le général à sa vue se transforme. Ce qu'il avait d'un peu cocasse, d'un peu*

culotte de peau s'efface. Il est soudain plus jeune, plus attentif, il parle plus doucement. Il va lui baiser gentiment la main.

LE GÉNÉRAL

J'étais là, mon petit oiseau. Comme vous avez trouvé de jolies fleurs! Ce matin, j'ai fait le tour du jardin et je m'étais dit : rien ne pousse!

AGLAÉ, *doucement, faisant son bouquet.*

Vous ne savez pas voir.

LE GÉNÉRAL *s'est assis comme apaisé par sa présence. Il a allumé un cigare, heureux et doucement le fume.*

Non, d'ailleurs. Je passe toujours en courant et en bougonnant, et je ne sais pas voir. Ni les fleurs, ni les bonnes choses... Vous m'aviez dit que vous me guéririez de ce défaut, Aglaé.

AGLAÉ, *toujours doucement.*

Est-ce qu'on guérit de ses défauts?

LE GÉNÉRAL

Par amour, quelquefois... Du moins on le dit dans les livres. Vous en savez quelque chose, vous qui en avez toujours un à la main.

AGLAÉ

Je suis fatiguée de lire la vie dans les livres...

LE GÉNÉRAL

C'est pourtant là qu'elle est le mieux.

AGLAÉ, *du même ton uni,
arrangeant toujours ses fleurs.*

Quand vous m'avez épousée, vous étiez très inquiet de notre différence d'âge. Vous vous rappelez comme j'ai ri?

LE GÉNÉRAL

Quatre notes claires qui m'enlevaient par enchantement mes poils blancs, me délivrant, comme dans les contes, de la malédiction de la vieille fée. Je m'en souviendrai toujours.

AGLAÉ

Nous revenions du jardin de mon père où vous m'aviez dit que vous m'aimiez... Et j'arrangeais un bouquet dans le salon sombre comme aujourd'hui. J'ai éclaté de rire, tellement votre crainte était sotte et mal fondée, et je vous ai dit que je vous aimais aussi. Je n'ai pas cessé de vous aimer depuis, Ludovic, et de vous trouver jeune.

LE GÉNÉRAL

Même quand les poils blancs sont revenus à l'assaut?

AGLAÉ

Votre visage avait quelque chose d'un peu rude. Ils l'ont fait charmant. Écartons donc tout de suite cette explication qui serait fausse. Ce n'est pas parce que j'ai un mari un peu plus âgé que moi que je m'ennuie...

LE GÉNÉRAL *lève la tête.*

Vous vous ennuyez?

AGLAÉ, *doucement.*

Oui. *(Elle ajoute, légère, comparant le rouge de deux fleurs et choisissant pour finir la plus rouge.)* A en mourir.

LE GÉNÉRAL *s'est levé,*
il bégaie comme un petit garçon.

Mais... je vous aime.

AGLAÉ

Sans doute. Et moi aussi. Je ne crois pas avoir cessé de vous aimer, je vous l'ai dit. Et si je me suis résolue à vous parler, c'est, précisément, parce que je vous aime encore et que j'ai juré le jour où je suis devenue votre femme d'être toujours comme un petit morceau de cristal pour vous... *(Elle continue toujours aussi doucement.)* Les hommes m'ont souvent regardée...

LE GÉNÉRAL *bondit.*

Hein?

AGLAÉ *a comme un imperceptible sourire.*

Je suis jolie. Les hommes regardent toujours les femmes; il n'y a que les hommes qui ne s'en aperçoivent pas. Ils se figurent qu'ils sont en train de parler politique ou chasse avec leurs meilleurs amis : et, cette petite lueur soudaine dans l'œil de leur interlocuteur, ils sont si contents d'eux-mêmes, les pauvres, toujours, qu'ils croient que c'est eux qui l'ont allumée avec un argument brillant ou un mot drôle. Mais le meilleur ami n'écoutait Monsieur que d'une oreille et il regardait, à l'autre bout du salon, Madame en train de passer les tasses...

LE GÉNÉRAL

Et vous ne m'avez rien dit? *(Il crie, ridicule :)* Des noms! Des noms tout de suite!

AGLAÉ *sourit encore.*

Je n'allais pas vous ennuyer pour si peu... C'est notre petit métier de femme d'épargner ces bêtises à nos maris... Mais, l'autre soir, dans le jardin, pendant que vous racontiez encore une fois votre campagne de 40 — où vous savez si bien vous rendre presque ridicule pour masquer juste un peu que vous y avez été très courageux — je me sentais, je ne sais pourquoi... je me sentais seule, et comme si j'étais toute mouillée de pluie. J'ai frissonné. Quelqu'un était près de moi — il

est bon et sensible, je le sais et sans doute
m'a-t-il devinée — il a posé doucement sa
main sur la mienne... *(Elle sourit avec un
peu de malice secrète.)* Ce sont des choses
qui arrivent, je vous l'ai dit, et je ne vous
aurais sans doute pas rapporté ce petit fait
si, pour la première fois ce soir-là, je n'avais
eu conscience que j'avais souvent besoin d'être
calmée... Et comme réchauffée. *(Il y a un
silence. Le général ne dit rien, comme pétrifié.
Elle ajoute, de la même petite voix inexorable
et douce :)* Voilà. C'est tout. Et cela sera tout,
croyez-le. Je ne vais pas aller chercher quelqu'un d'autre que vous pour me comprendre...
Je suis une femme fidèle. Je vous ai remis
en main votre petit morceau de cristal pour
que vous puissiez encore regarder à travers
lui. Le cristal est tout clair.

> *L'ombre est peu à peu tombée dans
> le grand bureau sombre pendant qu'elle
> parlait. Elle continue à arranger les
> fleurs dans le vase avec des gestes gra-
> cieux et mesurés, une tache de lumière
> sur sa robe blanche.*

LE GÉNÉRAL *murmure.*

Mais il coupe.

AGLAÉ *se retourne, limpide.*

Ne vaut-il pas mieux une petite blessure
franche qu'une plaie qu'on cache et qu'on

laisse envenimer? N'est-ce pas vous qui m'avez appris que l'honneur commandait de dire toujours la vérité?

LE GÉNÉRAL, *soudain enroué.*

Théoriquement, oui, mon amour.

Le rideau est tombé sans qu'ils aient bougé.

FIN DU PREMIER ACTE

DEUXIÈME ACTE

Même décor, Christian Lebelluc est affalé dans un fauteuil. Le général fait les cent pas derrière lui.

LEBELLUC

Général, je vous dis que je me suis toujours bien tenu avec votre sœur. Sauf une seconde et par erreur.

LE GÉNÉRAL

Pas de phrases : des faits. D'abord, la lueur. Elle s'est plainte d'une lueur dans votre regard.

LEBELLUC

Une lueur... une lueur... Ce n'est pas ma faute si elle voit des feux follets! *(Le général le regarde impassible. Il finit par avouer.)* Eh bien! c'est le jour où nous avons tous fait des crêpes...

LE GÉNÉRAL

Les crêpes n'excusaient rien!

LEBELLUC

Votre femme nous a emmenés à la lingerie pour mettre des tabliers. Je reviens un des premiers à la cuisine. Nous avions tous trop bu. On déjeune toujours trop bien chez vous.

LE GÉNÉRAL

Pas de flatteries !

LEBELLUC *continue*.

Je me sentais gai. Je vois un derrière devant le fourneau. Je lui prends les hanches...

LE GÉNÉRAL *sursaute*.

Vous vous conduisez comme ça, chez moi ? Chez les autres, passe encore, je ne suis pas bégueule, mais chez moi...

LEBELLUC, *plaintif*.

Vous m'avez demandé d'être franc, Général ; je dis tout. Je croyais que c'était celui de la cuisinière. Elle se retourne — catastrophe ! — c'était celui de votre sœur. Le madras sur la tête et le tablier m'avaient trompé. J'ai un moment de recul — doublement motivé, avouez-le ! Je crois qu'elle va me flanquer une gifle. Elle tombe dans mes bras en gémissant : « Christian. » Qu'est-ce que vous auriez fait à ma place ?

LE GÉNÉRAL

Je ne veux pas le savoir! C'est ma sœur.
Je l'aurais probablement giflée.

LEBELLUC

Vous êtes un dur. Moi je suis un tendre.
On ne se refait pas. Je l'ai embrassée.

LE GÉNÉRAL *éclate de rire.*

L'imbécile! Mais c'est ce qu'il ne fallait
pas faire. Pour rien au monde. *(Lebelluc
commence à rire aussi, le général lui crie soudain
redevenant sévère.)* Ne me faites pas rire Lebelluc ou je vous gifle et nous nous battrons à
cause de ça.

LEBELLUC, *penaud.*

C'était idiot, je le sais; mais c'est plus fort
que moi. Je suis un faible. Ou je manque
d'équilibre peut-être. Une femme qui tombe
dans mes bras ça me fait tomber à mon tour.

LE GÉNÉRAL

Pas de psychologie dans les questions d'honneur! Cela égare toujours son homme, quand
cela ne lui coupe pas les bras. Après?

LEBELLUC

Comment, après?

LE GÉNÉRAL

Vous avouez que vous lui avez pris la taille.
Bon. Après?

5

LEBELLUC, *tombant des nues*.

Mais c'est tout. Il n'y a pas d'après. Vous voyez que cela ne valait vraiment pas la peine de décrocher vos sabres.

LE GÉNÉRAL

Votre parole.

LEBELLUC

Ma parole.

LE GÉNÉRAL, *méfiant*.

Vous en avez une, parole?

LEBELLUC

Je suis un lâche, mais j'en ai une. Une parole de lâche, c'est même quelque chose d'assez rare.

LE GÉNÉRAL

Bon. Je veux vous croire. Je fais toujours confiance à la nature humaine, jusqu'à preuve du contraire. Je dois dire que cette méthode me réserve beaucoup de déceptions... *(Il rit encore.)* Sacrée Bise!... Je m'en doutais un peu d'ailleurs. Quelle idiote! Mon pauvre ami, comment avez-vous pu vous fourrer dans un aussi mauvais pas, comme un petit jeune homme?

LEBELLUC, *avantageux*.

Vous savez que j'ai un certain pouvoir sur les femmes... Oui, il y a quelque chose chez moi qui les attire et qui les calme en même temps...

> *Le général à ce mot le regarde soudain soupçonneux.*

LE GÉNÉRAL *murmure, rêveur.*

Qui les calme?...

LEBELLUC *continue.*

J'avoue que c'est une faiblesse... Mais si vous aviez ce pouvoir, Général, vous feriez comme moi. Vous ne résisteriez pas au plaisir de l'exercer... Quand je vais au cinéma, par exemple, à Paris, si ma voisine est jolie (et si elle est seule, bien entendu; vous savez que je n'aime pas les histoires), je mets toujours ma main sur la sienne, à tout hasard, dans le noir...

> LE GÉNÉRAL *se rapproche,*
> *frisant sa moustache.*

Vraiment?

LEBELLUC, *inconscient du danger.*

D'abord cela aide à faire passer le film, qui est rarement bon. Vous avez remarqué comme le cinéma baisse? Parlez-moi du théâtre au contraire...

LE GÉNÉRAL *le coupe, impatient.*

Pas de digressions sur le plan artistique! Parlez-moi plutôt des femmes. En effet, je

n'y connais rien, je commence à m'en dou-
ter. Et elle ne retire pas sa main?

LEBELLUC

Qui?

LE GÉNÉRAL

Votre voisine, au cinéma?

LEBELLUC

Rarement, je dois l'avouer. C'est comme
si le contact de ma main dans l'ombre pro-
pice, lui procurait une sensation d'apaisement.
Les femmes ont souvent besoin d'être apai-
sées... Elles sont si nerveuses.

LE GÉNÉRAL, *qui le considère
depuis un moment sourcilleux, constate.*

Vous êtes pourtant bien laid, Lebelluc.

LEBELLUC, *vexé.*

Elles, elles ne trouvent pas. J'ai ce qu'on
appelle une tête de caractère. Il ne faut pas
croire que ce sont les chérubins qui ramassent
tout. Vous êtes un homme, vous ne pouvez
forcément pas être sensible à ce petit quelque
chose dont je vous parlais à propos de votre
sœur...

LE GÉNÉRAL *vient s'asseoir
près de lui, hypocrite.*

Laissons ma sœur... C'est réglé cette histoire... J'ai perdu encore une fois mon temps

à des foutaises. C'est ça, la vie de famille. Je voudrais vous poser une question, Lebelluc, en ami... Vous vous souvenez de ma campagne de 40?

LEBELLUC

Quelle idée! bien sûr. Je vous l'ai entendu raconter plusieurs fois. Mais quel rapport?

LE GÉNÉRAL

La dernière fois que j'ai eu la faiblesse de la raconter, cette campagne, il y a quelque temps, un soir dans le jardin, vous étiez des nôtres, Lebelluc?

LEBELLUC

Parfaitement.

LE GÉNÉRAL, *de plus en plus hypocrite.*

Le récit ne vous en a pas paru un peu long? C'est un service amical que je vous demande de me rendre.

LEBELLUC, *au comble de l'imprudence.*

Non. Le soir était tiède. Le whisky était bon, les femmes charmantes, les fauteuils moelleux...

LE GÉNÉRAL *a un geste.*

Passons sur les fauteuils... Les femmes charmantes, dites-vous. Où étiez-vous donc placé, ce soir-là? C'est pour savoir comment porte mon récit, vous comprenez? Quand on est un peu rabâcheur, il faut savoir doser ses effets. Vous étiez loin de moi? Près de la chaise longue de ma femme, peut-être?

LEBELLUC

Non. Non, mon cher, j'étais à côté de vous. A un moment vous m'avez même passé votre verre pour mimer la fuite de l'état-major.

LE GÉNÉRAL, *rasséréné*.

C'est bon, pour cette fois, passons l'éponge. Tout est réglé. Vous l'avez échappé belle, Lebelluc! C'est excellent d'avoir de la mémoire.

Entre joyeusement David Edward Mendigalès ceint d'un tablier de cuisine.

DAVID EDWARD MENDIGALÈS

Mon Général, votre femme a eu une idée charmante! Nous faisons tous des crêpes. Êtes-vous des nôtres?

LE GÉNÉRAL, *rogue*.

Merci. Je me contenterai d'en manger.

DAVID EDWARD MENDIGALÈS

Et Monsieur Lebelluc? Il paraît qu'il est expert en la chose.

LE GÉNÉRAL, *goguenard.*

Oui. Il est expert en la chose, mais depuis quelque temps il a un peu perdu la main. Lui aussi se contentera d'en manger.

DAVID EDWARD MENDIGALÈS

C'est dommage. Nous nous amusons comme des fous. Aglaé n'arrête pas de rire. Je ne l'ai jamais vue s'amuser autant.

Il est sorti.

LEBELLUC, *un peu amer.*

Il est entreprenant ce garçon.

LE GÉNÉRAL

Oui.

LEBELLUC

Et il appelle la générale, Aglaé?

LE GÉNÉRAL

Oui. Il a, comme on dit, pris du pied dans la chaussette. Sophie ne me l'a amené qu'hier soir, et personne ne peut déjà plus se passer de lui, dans cette maison. Mais tout cela va changer, je vous le certifie. L'état-major s'est rendu; mais moi, j'attaque, tout seul au besoin, comme en 40...

LEDADU *paraît soudain. Il a un béret basque, une canne, l'air prodigieusement borné. Il sonne la charge sur un clairon imaginaire.*

Ta rata tatata ta ta! Tara ta ta tatatata!...

Il y a des vers dans la pomme! Il faut y aller encore une fois! Ledadu, présent!

LE GÉNÉRAL, *un peu agacé.*

Bonjour, Ledadu.

LEDADU

Depuis que vous m'avez fait l'honneur de m'en parler, je ne pense plus qu'à ça, mon Général. J'ai déjà établi une liste valable pour la commune.

LE GÉNÉRAL

Une liste de quoi?

LEDADU

Une liste de vers. *(Il brandit sa canne.)* Et je ne me déplace plus sans mon vermifuge. C'est ma canne du temps de Laroque. On va devoir cogner encore. Ledadu, présent!

LE GÉNÉRAL, *de plus en plus agacé.*

C'est bon. Repos. Il ne faut pas tout prendre au pied de la lettre, Ledadu. Pas d'emballement. Il y a d'abord un plan d'ensemble à mettre au point.

LEDADU

Pour la stratégie je vous fais confiance, mon Général. Et motus en attendant l'heure H! Compris! Ne jamais donner l'éveil avant l'attaque. C'est l'A B C. J'étais tout jeune sergent à Douaumont, mais jusqu'à la dernière minute, j'amusais mes bonshommes dans la tranchée. Mais à l'heure H, pas une seconde avant, pas une seconde après. Ledadu le premier sur le parapet! *(A Lebelluc.)* J'aime bien quand ça chauffe! Pas vous?

LEBELLUC, *tiède.*

Si. Si.

LEDADU

Combien sommes-nous pour cette première réunion? Si un simple adjudant de réserve peut se permettre de poser une question, mon Général?

LE GÉNÉRAL, *modeste.*

Oh! ce n'est pas encore un mouvement de masse... D'ailleurs, je ne crois pas aux mouvements de masse. L'avenir est aux minorités agissantes... Évidemment il faudra un peu étoffer la nôtre. J'attends le baron Bélazor, peut-être Friselaine. Le docteur n'a pas l'air très sûr...

LEDADU

Il est pour les vers? Je dois dire, mon Général, qu'il a très mal soigné ma sœur, l'hiver dernier, pour ses coliques...

LE GÉNÉRAL

Je ne vois pas le rapport. Non. Il n'est pas positivement contre, mais il dit qu'il a beaucoup d'accouchements en ce moment. Je crois tout de même que je le convaincrai. J'aurais aimé que Monsieur le Curé nous épaulât, au moins spirituellement...

LEDADU, *perplexe*.

Épaulât?

LE GÉNÉRAL, *ferme*.

Épaulât.

LEDADU, *préférant ne pas insister*.

Si c'est vous qui le dites, mon Général. D'ailleurs, il faut toujours avoir un aumônier dans un mouvement national et une bannière. Ma fille, qui a un joli pinceau, pourrait nous dessiner un emblème...

LE GÉNÉRAL, *visiblement agacé par la bêtise de Ledadu*.

Nous verrons plus tard pour la bannière... Nous en sommes aux conversations liminaires...

LEDADU, *rêveur*.

Liminaires...

LE GÉNÉRAL *poursuit*.

Il faut être prudents. Si nous attirons prématurément l'attention sur nous, nous sommes frits.

LEDADU *s'illumine.*

Nous sommes frits!... Compris!... Pas de bannière et un bœuf sur la langue. Bien entendu, je n'en pense pas moins. Mais quand je pense, personne ne s'en aperçoit. Je ronge mon frein. Le sourire du commerçant. Je vends benoîtement mes moulinettes et mes casseroles dans ma boutique, je prends mon apéritif avec tout un chacun, en évitant les sujets de discussions épineux; mais quand mon chef vient me dire : c'est l'heure! Je me réveille. Ledadu, présent!

LE GÉNÉRAL, *de plus en plus agacé.*

Repos. Repos, je vous dis. Ou le jour « J », vous serez déjà fatigué.

LEDADU, *rectifiant la position.*

Repos... Mais une question encore, mon Général. Madame la Générale ne risque pas de trouver incongru — moi, je suis pour l'ordre social établi — qu'un simple boutiquier, un de ses fournisseurs, soit reçu ici, sur un plan d'égalité, en quelque sorte, avec les notabilités du pays?

LE GÉNÉRAL, *triste.*

La générale a d'autres choses en tête en ce moment, mon ami. Je lui ai dit que vous m'accompagniez à la pêche à la truite de temps en temps. Cette explication lui suffira. D'ailleurs, il fallait bien se réunir quelque part. Nous ne pouvions pas nous rencontrer au Café des Trois Pipes, pour donner l'éveil; ni dans les bois. Ces réunions paraîtront toutes naturelles chez moi.

LEDADU

Je suis très honoré, mon Général, d'être confondu avec vos hôtes. Dans un intérêt supérieur s'entend! Après la victoire du mouvement comptez sur moi, bien entendu, pour rentrer dans le rang. Ledadu ne s'impose jamais. Je n'ai malheureusement pas beaucoup de conversation. J'aime la France, mais je suis connard. *(Il s'excuse au garde-à-vous.)* Entre militaires, mon Général!

LE GÉNÉRAL, *gêné*.

C'est bon, c'est bon. Repos, je vous l'ai dit.

LEDADU, *rectifiant docilement la position*.

Repos.

LE GÉNÉRAL, *pour changer de conversation*.

Que peut donc bien faire Bélazor? Il devrait être là.

BÉLAZOR, *surgissant du jardin*.

Le voilà! Quand on parle du loup on en voit la queue... C'est une image! Bonjour, Lebelluc.

LEBELLUC

Bonjour, Bélazor.

LE GÉNÉRAL, *présentant Ledadu.*

Monsieur Ledadu, le quincaillier de la place du Marché, qui est des nôtres. Le baron Bélazor.

BÉLAZOR

Monsieur Ledadu, ma femme n'est pas très contente de ses casseroles. Les manches tournent déjà. Et elle s'est aperçue, en recevant le catalogue de cette maison, que le Bazar de l'Hôtel de Ville, de Paris, les faisait cinq cents francs moins cher.

LEDADU, *redevenu quincaillier.*

Oh!... Il faut voir l'article, Monsieur le Baron!

LE GÉNÉRAL

Nous ne sommes pas là pour parler de ça, mon vieux...

BÉLAZOR

Excuse-moi, Ludovic. Je me moque d'ailleurs totalement et de ses casseroles et de la baronne. Son manche tourne, à elle aussi. Tu me diras que c'est un ange. Mais les anges, c'est un fait, vieillissent mal. Je me demande d'ailleurs qui vieillit bien? C'est une expression dénuée de sens. Tu sais que je me suis fait faire un traitement de beauté? Le résultat est étonnant! Regarde mes rides.

Le général le regarde en silence.

BÉLAZOR, *vexé*.

C'est bon. Tu es myope comme un citron.
Je me demande comment ils t'ont pris à Saint-
Cyr! En tout cas, la jeune femme qui me fait
ce traitement est étonnante. Une blonde, mon
cher! Qui te caresse le visage vingt minutes
pour douze cents francs. Étonne-toi après si
on sort de là rajeuni. Comment va la charmante petite Aglaé? Quel bon goût tu as eu,
mon vieux, de te marier sur le tard et de
nous amener une adorable petite femme toute
neuve dans le pays. On en manquait. Parmi les
femmes du monde, j'entends. Car des jolies
filles, il y en a toujours; mais on est obligé
de se cacher pour leur faire la cour. Elle va bien?

LE GÉNÉRAL *grommelle*.

Elle va bien. Elle va bien. Elle est très gaie
en ce moment.

BÉLAZOR

Ah! Comme cela me fait plaisir! Je l'aime
bien, moi, mon vieux, ta femme. Depuis
quelque temps, je la trouvais nerveuse. Je te
parle en ami. C'est un petit bout de fille
d'Ève qui a besoin d'être apaisé, Ludovic. Il
suffit de rien quelquefois, une attention, un
geste...

LE GÉNÉRAL, *rêveur*.

Un geste... Dis-moi, Bélazor... *(il l'attire
à part)* tant que je te tiens et avant d'aborder

l'avenir de la France, passe sur ce que ma
question a de saugrenu, je t'expliquerai. Tu
te souviens de ma campagne d'Auxerre?

BÉLAZOR

Je pense bien!

LE GÉNÉRAL, *méfiant*.

Pourquoi dis-tu : « Je pense bien »?

BÉLAZOR

Pourquoi veux-tu que je ne dise pas : « Je
pense bien »?

LE GÉNÉRAL

Ne noie pas le poisson! Il n'est pas question
de savoir pourquoi tu aurais pu ne pas dire :
« Je pense bien. » Il est question de savoir
pourquoi tu as dit : « Je pense bien. »

BÉLAZOR

C'est une expression que tu n'aimes pas?

LE GÉNÉRAL

Mettons que c'est le ton qui me chiffonne.
Tu trouves que je la raconte un peu trop
souvent toi aussi? C'est ma femme qui t'a
dit ça, peut-être?

BÉLAZOR

Qu'est-ce que tu vas chercher là, mon bon!
Entre amis, ce sont des petites faiblesses qu'on

se passe... J'ai, comme ça, l'histoire de ma première nuit chez Maxim's, enfermé dans les cabinets, ou celle du cerf qui s'était assis derrière moi dans le fourré où j'étais à l'affût, que tu pourrais très bien raconter à ma place, tellement tu les as entendues. En tout cas, moi, je ne me suis jamais ennuyé en t'écoutant. Tiens! la dernière fois, l'autre soir, dans le jardin...

LE GÉNÉRAL

Oui, l'autre soir, dans le jardin précisément... *(Il se tourne vers les autres.)* Vous nous excusez, Messieurs, un petit détail à régler entre nous. J'ai été un peu prolixe, avoue-le.

BÉLAZOR

Pas du tout. C'était follement drôle.

LE GÉNÉRAL, *machiavélique.*

Tu m'étonnes. Tu ne faisais que bouger sur ta chaise... *(Il demande, hypocrite :)* Tu étais peut-être mal assis?

BÉLAZOR

Pourquoi mal assis?

LE GÉNÉRAL

Je ne sais pas, une simple question. Je crois que j'ai des fauteuils cassés. Ton fauteuil était cassé?

BÉLAZOR

Non...

LE GÉNÉRAL

C'était un fauteuil ou une chaise?... Tâche d'être précis.

BÉLAZOR, *ahuri.*

Mais pourquoi me demandes-tu ça, sacrebleu? Je ne me rappelle plus, moi. Je crois bien que c'était un fauteuil. *(Il ajoute :)* Ou une chaise.

LE GÉNÉRAL

Il faudrait s'entendre.

BÉLAZOR

C'est important?

LE GÉNÉRAL, *de glace.*

Peut-être.

Entre le docteur.

LE DOCTEUR

Messieurs, pardon! Je suis en retard. J'étais chez la métayère de la Croix-Haute. C'est un garçon!

LEDADU, *au garde-à-vous.*

Vive la France! Un petit soldat de plus!

LE GÉNÉRAL, *agacé.*

Repos, Ledadu! Nous reprendrons cette conversation plus tard, Bélazor. Puisque nous sommes au complet, nous allons passer dans

6

le jardin, Messieurs, et tâcher de nous mettre
d'accord sur notre première ligne de conduite...
Si les enfants nous courent dans les jambes,
je n'ai pas besoin de vous recommander la
prudence. Nous changeons immédiatement de
conversation. Un mot dans l'oreille de Marie-
Christine équivaut à l'envoi d'un faire-part...

> *Ils commencent à sortir. Bélazor, Le-*
> *belluc et Ledadu les premiers, le général*
> *retient un peu le docteur.*

LE GÉNÉRAL

Dites-moi, Docteur, je voulais vous poser
une question. Vous êtes bien venu prendre le
café ici la semaine dernière, dans le jardin?

LE DOCTEUR

Mais oui, Général. Un fort bon café agré-
menté d'un récit de guerre passionnant!

LE GÉNÉRAL

Vous êtes trop aimable! C'est stupide : un
trou de mémoire; j'étais en train de me demand-
der si vous étiez des nôtres ce soir-là. Je ne
vous situais pas exactement. Où étiez-vous
donc assis?

LE DOCTEUR

Mais près de votre femme, je crois bien,
Général...

LE GÉNÉRAL *le regarde.*

Ah! Ah!

> *Ils sont sortis. Entrent avec des ruses de sioux, Marie-Christine, Toto et le fils du laitier qui visiblement les espionnaient.*

MARIE-CHRISTINE

Suivons-les! Ils sont en train de comploter quelque chose. Ils ont dit qu'il ne fallait pas qu'on les écoute. Ils prennent l'allée de rhododendrons. Nous passerons par derrière, par les buis, et nous pourrons entendre tout.

LE FILS DU LAITIER

Eux ça serait l'État-major allemand, et nous on serait des agents secrets de la Résistance. On aurait été parachutés dans le parc du château où se trouverait leur Q. G. Tu comprends?

MARIE-CHRISTINE *bat des mains.*

Oh, oui! Moi je serais une femme, je serais très belle et vous compteriez sur moi pour coucher avec le général allemand et surprendre tous leurs secrets!

TOTO

Je ne veux pas!

LE FILS DU LAITIER

Quoi? Qu'est-ce que tu ne veux pas, toi, encore?

TOTO

Que ma sœur couche avec le général allemand !

MARIE-CHRISTINE

Tu es bête ! Puisque ça serait pour la France !
Et après, si tu veux, je me tuerais de dégoût.

LE FILS DU LAITIER

Moi, je serais le chef du réseau. C'est moi,
que tu aimerais. On m'appellerait le capi-
taine Jules, mais personne ne saurait exactement qui je serais. Ça vous intriguerait, tu
comprends.

MARIE-CHRISTINE

Et qui tu serais ?

LE FILS DU LAITIER

Puisqu'on te dit que personne ne le saurait ! Tu m'aimerais sans savoir.

TOTO

Et moi ?

LE FILS DU LAITIER

Toi, tu serais un agent traître. Tu tenterais
de parler, mais j'aurais des soupçons, je te
démasquerais et je t'abattrais d'une balle dans
la nuque avec mon silencieux.

TOTO

Je ne veux pas que ce soit encore moi le
traître !

LE FILS DU LAITIER, *conciliant*.

Tu ne serais pas un vrai traître! On se serait trompé et après on te réhabiliterait. Tu aurais été un agent double, seulement il n'y avait que toi qui le savais, tu comprends?

TOTO

Alors, comment vous le saurez s'il n'y avait que moi qui le savais?

LE FILS DU LAITIER

Parce que sur ton cadavre on trouverait tes deux cartes. Celle de la Gestapo et celle de l'Intelligence Service. C'est pourtant pas compliqué, non?

> *Ils sont sortis. Entrent David Edward Mendigalès, Sophie et Aglaé poursuivant une conversation animée.*

DAVID EDWARD MENDIGALÈS

C'était impayable! Le lustre est tombé dans les marennes, la comtesse a retrouvé du caviar dans son poudrier; le patron a appelé un car de police et nous avons tous fini la nuit, en habit, au commissariat, avec les filles et les escarpes... Eh bien, Mesdames, que dites-vous de Paris?

AGLAÉ

On doit s'y amuser beaucoup. Mais comment peut-il vous arriver tant de choses drôles? J'ai été à Paris bien des fois et je ne m'y suis jamais amusée comme ça.

DAVID EDWARD MENDIGALÈS

Si vous me dites que vous descendez au Lutetia et que vous passez vos soirées à l'Opéra-Comique, il ne faut pas vous étonner que Paris vous ait paru quelque peu provincial! A votre prochain voyage, faites-moi signe, je monterai avec vous. Nous sommes quelques joyeux amis qui savons vivre... Je vous ferai connaître les gens les plus drôles de Paris. Des Épinglettes, mon ombre, le Castor dont je suis le Pollux, Mimi de Retz qui porte un des plus grands noms de France et qui est portier dans une boîte de nuit à Saint-Germain-des-Prés, Bébé de Mabillon...

SOPHIE, *éblouie*.

La duchesse?...

DAVID EDWARD MENDIGALÈS

Oui. J'ai l'habitude de passer une heure chez elle tous les soirs. On y rencontre tout ce que Paris a de charmant : des peintres abstraits, des pédérastes, des communistes, des danseurs, un poète épicier de renommée mondiale, un extraordinaire dominicain qui fume l'opium, Paul Lévy-Dubois, l'homme qui paie le plus d'impôts de France (c'est vous dire ce qu'il dissimule), deux ou trois altesses royales, un coureur cycliste follement beau et qui est l'ami d'un grand couturier, Marie-Louise Pépin qui est *public relations* et qui a présenté la moitié de tout Paris à l'autre... Tout cela, bien entendu, très progressiste, très évolué, très crypto. On y discute passionnément du monde futur jusqu'à une heure avancée de la nuit. Vous vous y amuserez follement!... Il faut vivre, Mesdames, il faut vivre!... C'est un métier comme un autre, cela s'apprend!

SOPHIE, *pendue à son bras.*

Vous nous apprendrez, David Edward?

DAVID EDWARD MENDIGALÈS

Je comprends maintenant que le destin ne m'a attiré dans ce trou que pour cela. La décentralisation, l'essor de l'industrie française du plastique : du vent! Ce sont des arguments pour papa. Je ne suis venu ici que pour être votre sauveur, Mesdames! Nous allons remuer le pays.

AGLAÉ

Je crois que vous aurez beaucoup de mal.

DAVID EDWARD MENDIGALÈS

Connaissez-vous Pinsac? c'est votre voisin. Et Achille de Lépaud?

AGLAÉ

Mon mari ne voit pas Pinsac pour des raisons politiques et il dit qu'Achille de Lépaud est un affreux petit fêtard.

DAVID EDWARD MENDIGALÈS

Je pense bien! C'est pour cela qu'il est drôle! Vous ne vous figurez tout de même pas que vous allez vous amuser avec des enfants de chœur? Vous croyez qu'il n'y a aucune chance de la faire recevoir ici?

AGLAÉ

Cela me paraît difficile. Mon mari voit quelquefois son père, le sénateur...

DAVID EDWARD MENDIGALÈS

Merci! Cette maison grouille déjà de vieillards! Il nous faudrait un prétexte. N'essayons pas de raffiner, nous n'avons pas le temps. La chausse-trape classique! Il y a bien une fête de charité dans le coin tous les ans?

AGLAÉ

Le deux août, jour de la Saint-Alphonse, qui est le patron du pays.

DAVID EDWARD MENDIGALÈS

Parfait! Nous allons décider à une forte majorité de donner la comédie ce soir-là. Nous monterons une pièce moderne. Quelque chose qui fera un gros boum! Y a-t-il une salle possible?

AGLAÉ

La grand-mère de mon mari adorait la comédie. Il y a encore les vestiges d'un théâtre de verdure au fond du parc, mais on ne s'en sert jamais.

DAVID EDWARD MENDIGALÈS

Admirable! La fête aura donc lieu ici, ce qui arrangera bien des choses. Et les exigences de la distribution nous permettront de faire ce que nous voudrons une fois le principe acquis.

SOPHIE

David Edward, si vous arrivez à décider papa de nous laisser faire du théâtre, c'est que vous êtes décidément très fort!

DAVID EDWARD MENDIGALÈS

Et la Saint-Alphonse? Et la charité? Au nom de la bienfaisance et de l'Art, la vertu montre son derrière, mesdames! Confiez-moi le général et je le manœuvre. Moi aussi je suis très fort en stratégie! *(Il les a prises toutes les deux par le bras et les entraîne.)* Venez. Allons, loin des oreilles indiscrètes mettre au point notre petite conspiration dans le jardin.

AGLAÉ

Mais votre usine? Comment aurez-vous le temps de tout organiser et de répéter? Vous m'avez dit que Monsieur votre père exigeait que vous contrôliez tous les services...

DAVID EDWARD MENDIGALÈS, *sortant*
avec elles.

Qu'elle est gentille notre générale-bébé!
Vous pensez bien qu'un garçon comme moi
a étudié l'art d'apprivoiser les pères. Ce sont
nos vieux maris à nous!

SOPHIE, *éclatant de rire en sortant.*

David Edward! David Edward! Vous allez
vous faire mal voir dans cette maison! Aglaé
adore mon père...

DAVID EDWARD MENDIGALÈS, *sortant*
le dernier.

Mais, moi aussi, j'adore le mien! Les sentiments n'empêchent rien.

Ils sortent par une porte, le général
et les conjurés entrent par l'autre.

LE GÉNÉRAL

Rentrons dans mon bureau. Avec ces enfants dans les jambes, on ne peut vraiment
pas conspirer sérieusement. Nous sommes
bien d'accord, messieurs, répondant à l'appel pathétique des jeunes générations, il nous
faut d'abord redonner à la France le goût de
la rigueur, de l'austérité et du travail!

LE DOCTEUR

Général, nous sommes tous d'accord, mais
comment?

LE GÉNÉRAL

Comment? Procédons par ordre. Mettons-nous d'accord sur les principes, ce sera déjà beau. A une de nos prochaines réunions, nous préciserons nos moyens d'action.

BÉLAZOR

C'est que, mon bon, tout le monde en a des principes! Et par un phénomène, qui est resté jusqu'ici inexpliqué, à peu de choses près, ce sont les mêmes. Tout le monde veut l'ordre et le bonheur universel. Et pourtant tout le monde se bat. Vas-y comprendre quelque chose!

LE GÉNÉRAL *tonne*.

Il ne faut plus essayer de comprendre, Bélazor! Il y a trop longtemps qu'il y a des gens qui essaient de comprendre. C'est pour cela que rien ne marche plus. Le monde, s'il doit être sauvé, sera sauvé par des imbéciles!...

LEDADU, *illuminé*.

Présent, mon Général!

LE GÉNÉRAL, *agacé*.

Repos, Ledadu. Nous ferons appel à vous quand nous passerons à l'action. Pour le moment, nous échangeons des idées générales.

LEDADU

Compris, mon Général, bouche cousue.

Ledadu attend sans comprendre, l'arme au pied. Ledadu fait confiance à ses chefs. Et quand on lui dit : « Vas-y », il y va. Sans savoir où. Il suffit de me désigner le bonhomme et je fonce! Et avec moi la propagande ennemie : zéro! Je ne comprends rien.

LE GÉNÉRAL

Nous apprécions vos qualités, Ledadu, et nous les utiliserons le moment venu.

LEDADU, *avec une certaine nostalgie.*

Pourtant les vers, ça c'était simple, j'avais compris, pour une fois. J'aurais presque pu en discuter. Avec un contradicteur de force moyenne, s'entend. Vous ne le croiriez pas, mon Général, mais même dans la quincaillerie, il y a des vers. Autrefois, la quincaillerie c'était franc, c'était net, c'était propre. Une casserole, c'était une casserole. Les vers s'y sont mis. Ils ont inventé de séduire la femme pour vendre mieux. De la couleur, de la minauderie, du brillant, du plastique... La femme choisit maintenant son faitout, comme elle choisirait un chapeau. Du marche-tout-seul-pendant - que - Madame - écoute - la - radio, du supersonique, de l'attrape-couillon! Je suis quincaillier, je devrais pas le dire, mais je suis franc : le secret des sauces, tout le monde sait, depuis toujours, que c'est une cuillère en bois. Alors, quoi? Des foutaises! C'est Ledadu qui vous le dit. Sans compter le préjudice moral! La femme devient de plus en plus minaudière. De mon temps, dans l'ensemble, la race frottait. Une bonne ménagère, à présent, ça devient aussi rare qu'un premier prix de harpe autrefois. Et si tous ces beaux appareils qu'il y a qu'à regarder pour que ça travaille à votre place se déglinguent deux ans plus tard : tant mieux! Ça permet une seconde vente, seul objectif véritable du ver. Vous me direz, Ledadu devrait être content. Il est vendeur. Excuses! Ledadu n'est pas content. Le chiffre d'affaires, ce n'est pas tout. Il y a l'honneur! La quincaillerie, c'est de la quincaillerie. C'est pas du mimi pour Madame. Une casserole, c'est une casserole. C'est sacré! Voilà. J'ai dit tout ce que j'avais compris. Maintenant, motus! J'attends l'heure « H ».

LE GÉNÉRAL

Si j'ai laissé parler longuement Ledadu, messieurs, c'est qu'à sa façon, il nous faisait entendre la vraie France. Celle qui nous aidera à sauver le bateau... Son souci artisanal de la qualité...

LE DOCTEUR

Dépassé! Tous les économistes sérieux vous le diront...

LE GÉNÉRAL

J'embête les économistes! On les appellera

quand on fera les comptes, pas quand on par-
lera de l'homme. Qu'ils attendent à la cuisine, avec les autres !

LE DOCTEUR

Même si le point de vue purement mer-
cantile de la grande industrie moderne opposé
au point de vue déjà archaïque de Monsieur
Ledadu sur la qualité vous choque, Général,
vous n'allez tout de même pas nous réunir
pour partir en croisière contre la camelote ?

LE GÉNÉRAL

Contre la camelote et contre la facilité !
C'est la même chose. Je veux leur redonner
le goût du bien fait, du solide, du cher, à
tous. Et pour commencer par le plus simple,
leur rapprendre les règles de leur métier...

LE DOCTEUR

Alors quoi, les corporations ? Deux cents
ans en arrière ?

LE GÉNÉRAL

Pourquoi pas ? S'il y a deux cents ans que
nous déraillons ? La nature revient bien en
arrière, elle, dans son évolution. Elle essaie
une queue ou un œil et si elle voit que ça
ne sert à rien, elle y renonce. Je veux bou-
cler l'homme dans son métier et dans sa
famille. On a fait une immense bêtise en l'en
sortant !

LE DOCTEUR

Position insoutenable après la prise de conscience du monde moderne! Et la liberté de l'amour, l'émancipation de la femme, et le troisième sexe, qu'est-ce que vous en faites?

LE GÉNÉRAL

Rien du tout! On était déjà assez embêté avec les deux qu'on avait!

BÉLAZOR

Mais enfin, tu ne vas pas nous obliger, par décret, à ne coucher qu'avec la baronne?

LE GÉNÉRAL

Peut-être!

BÉLAZOR

Mon coco, j'ai l'impression que nous déraillons.

LE GÉNÉRAL *explose, furieux.*

D'abord, je ne suis pas « ton coco »! Nous avons fait dans notre culotte ensemble à quatre ans, c'est entendu, mais ce n'est pas une raison pour que je sois ton coco!

BÉLAZOR

Le voilà parti! Bon! C'est entendu! Nous inscrirons ça dans notre programme avec les casseroles de Ledadu. Tu n'es pas mon coco.

Dorénavant, si tu y tiens, je te donnerai ton grade.

LE GÉNÉRAL

Parfaitement! Tout est trop facile à la fin! Le monde crève d'être trop facile et de vouloir être encore plus facile, encore plus étale et gratuit, et de s'appeler mon coco! Je veux que tout redevienne difficile; qu'on paie tout, soi-même, l'amour et la liberté, et que ça coûte cher; qu'il ne suffise pas de s'inscrire comme aux Assurances Sociales! Et je veux qu'on se réappelle « Monsieur ».

LE DOCTEUR

Général, nous ne sommes pas sérieux!

LE GÉNÉRAL

Je n'ai pas l'air sérieux, moi?

LE DOCTEUR

Je vous arrête! Nierez-vous que l'idée du bonheur terrestre du plus grand nombre soit devenue un de nos impératifs?

LE GÉNÉRAL

Je n'ai pas à le nier. Je ne sais pas ce que c'est que le plus grand nombre. Je me demande bien pourquoi on voudrait m'attendrir avec ça! Je connais les hommes, un par un, c'est tout. Il y en a des bons et des médiocres. C'est en fonction de ça que je m'intéresse à eux. Un imbécile pour vous, c'est sacré?

LE DOCTEUR

Non... Pourquoi?

LE GÉNÉRAL

Deux imbéciles, c'est un imbécile plus un autre imbécile. Ce n'est toujours pas sacré. Et mille imbéciles, c'est neuf cent quatre-vingt-dix-neuf imbéciles plus un autre imbécile en prime. Je ne vois pas au nom de quelle loi du nombre, cette collection d'imbéciles prendrait un caractère de plus en plus sacré au fur et à mesure qu'elle s'accroît!

LE DOCTEUR *hausse les épaules.*

Mon cher, je crois que vous jouez au petit jeu des paradoxes et que cela vous amuse.

LE GÉNÉRAL

Pas du tout! Mais j'ai fait un peu de mathématiques pour entrer à Saint-Cyr. « N plus un facteur de N. » Je ne connais que ça! Seulement vous m'indiquerez à quel nombre vous ajoutez une inconnue à la fonction qui rend miraculeusement le résultat sacré. C'est ça que je voudrais savoir!

LE DOCTEUR

Mais vous blasphémez! Les masses!...

LE GÉNÉRAL

Connais pas!

LE DOCTEUR, *interloqué.*

Comment vous ne connaissez pas?

LE GÉNÉRAL

Non. Et vous? On vous a déjà présenté?
Où?

LE DOCTEUR

Une plaisanterie n'est pas une réponse!

LEBELLUC

Général, j'ai l'impression que nous ne vous
suivons plus! Éclairez votre lanterne.

BÉLAZOR

C'est cela, éclaire ta lanterne, mon coco,
sans te mettre en colère.

LE GÉNÉRAL *le toise.*

Votre « coco », Monsieur, se mettra en
colère si ça lui plaît! Mais puisque vous y
tenez, soit. Raisonnons. Vous me regardez
tous avec une certaine indignation parce que je
ne semble pas avoir la foi dans le caractère sacré
du plus grand nombre. Après tout, c'est peut-
être moi qui ne comprends pas très bien. Je
vais donc vous demander de m'expliquer un
mythe qui, je l'avoue, me dépasse. Je prends

un exemple concret. Un ouvrier couvreur tombe du toit et se casse la colonne vertébrale, ou une bonne femme qui faisait son marché passe sous un camion. Un mort, chiens écrasés, huitième page; nous ne pourrions même pas citer le fait divers, nous ne l'avons pas lu. Un chalutier fait naufrage au large de la côte bretonne. Douze morts. Tiens, tiens. On commence à dire : « C'est bien triste. » On ne s'aborde pas en disant : « Vous avez lu dans le journal de ce matin? » Mais on y pense déjà un peu. Le temps de finir son café. Un train déraille : cent vingt morts. Là, on prend la mine de circonstance, l'œil lointain, la bouche qui tombe. « Ça va? Ça va. Et chez toi, ça va? Ça va. Dis donc, tu as lu dans le journal de ce matin... C'est terrible! » Tiens! Pourquoi prenons-nous l'air si triste? Pourquoi est-ce devenu terrible?

LEBELLUC

Mais parce qu'il y a cent vingt morts!

LE GÉNÉRAL

Vous croyez? Et cent vingt morts, cela vous rend triste, vous, Lebelluc?

LEBELLUC

Pardi!

LE GÉNÉRAL

Beaucoup plus triste que douze morts?

Après l'histoire du chalutier, vous ne m'avez pas paru aussi triste?

LEBELLUC

Forcément.

LE GÉNÉRAL

Comment forcément? Pourquoi forcément? Vous avez une machine intérieure à peser les morts, Lebelluc? Très sensible? Une balance de peseur de bestiaux ou une balance de bijoutier, qui enregistre le moindre écart de poids? Un mort ça ne fait rien, deux morts toujours rien, dix morts, ça bouge. Cent morts, ça y est! Vous êtes triste. Mais quatre-vingts morts, alors, par exemple c'était un tout petit peu moins triste si votre balance fonctionne bien?

LE DOCTEUR

Général, ce n'est plus du raisonnement, c'est de l'escroquerie!

LE GÉNÉRAL

Expliquez-vous.

LE DOCTEUR

Un mort inconnu, c'est vrai, nous n'y attachons pas d'importance. Cent morts nous bouleversent. C'est que notre sens de l'humain entre en jeu. Cent morts, ce sont déjà les hommes, nos frères...

LE GÉNÉRAL

Et le pauvre mort tout seul, qui était tombé de son toit tout seul, ce n'était pas votre frère? S'il était débrouillé pour entraîner ses quatre-vingt-dix-neuf copains de l'échafaudage avec lui, il aurait eu droit à être votre frère? Qu'est-ce que c'est que cette morale-là?

BÉLAZOR

Mais, mon coco, tu nous embobines! Tu oublies que cent morts ce n'est pas qu'un chiffre. C'est cent familles. Je ne sais combien d'orphelins, de veuves en larmes...

LE GÉNÉRAL

Parce que, toi, beaucoup de larmes, ça te touche plus qu'un peu de larmes. A partir de combien de litres de larmes t'attendris-tu?

BÉLAZOR

Tu es embêtant avec tes larmes! C'est idiot. Je te parle de la peine des orphelins, des veuves, mon coco.

LE GÉNÉRAL

Bien, Monsieur. Votre coco vous attendait aux veuves. Alors, selon toi, Bélazor, âme sensible, deux veuves c'est plus triste qu'une veuve?

BÉLAZOR

Un peu plus triste, oui.

LE GÉNÉRAL

Pourquoi?

BÉLAZOR

Mais... parce qu'elles sont deux.

LE GÉNÉRAL

Alors, quatre veuves c'est deux fois plus
triste que deux veuves, si je te suis bien?

BÉLAZOR, *déjà moins sûr*.

Oui...

LE GÉNÉRAL

Et si je te demande pourquoi, tu me répon-
dras : parce qu'elles sont quatre?

BÉLAZOR

Oui, non. Peut-être. Je ne sais pas moi!

LE GÉNÉRAL

Arrivons aux gros chiffres pour voir comment ta sensibilité réagit. Sept mille trois
cent quatre-vingt-douze veuves, par exemple
rien un fait divers de la dernière guerre ça
te paraît donc moins triste, si je te suis bien,
que six mille huit cent soixante-sept veuves.
Et tu pousses un soupir de soulagement si tu
apprends que l'état-major s'était trompé dans
sa première estimation. Quatre cent vingt-
cinq veuves en moins, c'est bon à prendre!
Même en temps de guerre.

BÉLAZOR, *inquiet.*

Je ne sais pas. Oui. Sans doute. *(Il explose.)* Flûte après tout! Où veux-tu en venir avec tes veuves? A me démontrer que je suis un imbécile?

LE GÉNÉRAL, *plus doucement.*

Non, Bélazor, mon vieil ami, un homme. Un homme qui n'a pas dans le cœur une machine à compter le nombre des veuves. Un vrai homme pour qui le nombre n'est rien. Car, en fait, le nombre n'est rien! Mais personne n'a le courage de le dire... *(Depuis un moment, Ledadu a tenté de parler, levant le doigt, comme à l'école pour attirer l'attention du général. Le général le voit enfin et lui crie :)* Repos, Ledadu! Vous voyez bien que nous échangeons des idées générales. Qu'est-ce que vous avez à lever constamment le doigt? Vous voulez faire pipi?

LEDADU

Je vais vous dire, mon Général. Pour l'histoire des veuves, je m'étais permis d'avoir une idée.

LE GÉNÉRAL *hausse les épaules, vaincu.*

Eh bien, dites-la! Au point où nous en sommes!

LEDADU

Je voulais dire que moi je trouve qu'il y a

quelque chose d'encore plus triste que cent
vingt veuves : c'est un veuf. Parce que les
femmes ça peut toujours se débrouiller dans
la vie, tandis qu'un homme seul, ne serait-ce
que pour le fricot...

> *Tous les autres éclatent de rire à cette
> remarque. Au même moment, le curé
> fait irruption, tout excité, suivi de David
> Edward Mendigalès, Sophie et Aglaé.*

LE GÉNÉRAL, *un peu vexé.*

C'est bon, Messieurs. Cette question n'était
pas suffisamment préparée. Nous en remet-
trons la discussion à notre prochaine réunion.
Quel bon vent vous amène, Monsieur le Curé?
Vous me paraissez tout excité.

LE CURÉ

Général, je viens me faire l'interprète auprès
de vous d'une petite conspiration.

> *A ces mots tout le monde se lève, il y
> a un silence de vague suspicion.*

LE GÉNÉRAL, *mi-figue, mi-raisin.*

Allons bon! Vous aussi, vous avez des
idées sur l'avenir de la France?

LE CURÉ

Non. Plus modestement, Général, sur l'avenir de la caisse paroissiale et de la Saint-
Alphonse. Ce jeune homme a eu une idée

charmante. C'est vrai que nous nous encroû-
tons! Nous manquons d'un animateur un peu
dynamique, dans le pays.

LE GÉNÉRAL

Voyez-moi ça! Cinq minutes avec Monsieur
Mendigalès et Monsieur le Curé est déjà
conquis au dynamisme. Tous les corps consti-
tués lâchent les uns après les autres. Dieu
merci, l'armée tient encore! Et qu'est-ce que
vous appelez être dynamique, Monsieur le
Curé?

LE CURÉ

Faire autre chose enfin! Du neuf. Du neuf.
Du moderne! *(Il les prend à témoin.)*
Qu'est-ce que nous offrons au public chaque
année à la Saint-Alphonse? Des défilés d'enfants en blanc douteux, des fleurs sur des
draps aux fenêtres, des rosières, des courses
en sac? Il faut aller avec son temps. C'est
très surfait les rosières! Et j'ai remarqué que,
depuis la vogue du tour de France, les courses
en sac ne passionnaient plus les jeunes générations. Monsieur Mendigalès a eu l'idée de
monter une pièce de théâtre pour la Saint-
Alphonse. Une comédie où les principales
notabilités du pays tiendraient un rôle. Voilà
qui peut piquer la curiosité, cinquante kilomètres à la ronde et nous permettre une forte
recette. Moi, avec mes deux gros souliers de
curé sur la terre, je ne vois pas plus loin!

LE GÉNÉRAL

Tous les mêmes! Vous ne pensez qu'à l'argent!

LE CURÉ

Pardi! Comme tous les gens qui n'en ont pas.

LE GÉNÉRAL

Et qui la jouera votre comédie?

LE CURÉ

Tous les hommes valides!

LE GÉNÉRAL

Et où la jouera-t-on?

AGLAÉ

J'ai dit à Monsieur Mendigalès qu'on pourrait peut-être remettre en état le théâtre de verdure au fond du parc.

LE GÉNÉRAL *sursaute.*

Vous voulez faire la fête de la Saint-Alphonse chez moi?

AGLAÉ

Oui. Cela me ferait tellement plaisir.

SOPHIE *bat des mains.*

Oh oui, papa! Merci, papa!

LE GÉNÉRAL *grommelle, agacé.*

Oh oui, papa! Merci, papa! Pas si vite! Il n'y a rien de fait!

LE CURÉ

Le bon Dieu vous a donné la plus belle maison du pays, Général. Vous n'allez tout de même pas refuser de la lui prêter?

LE GÉNÉRAL

Êtes-vous sûr qu'il aime le théâtre, d'abord le bon Dieu! Êtes-vous sûr qu'il ne se gratte pas la barbe avec inquiétude quand il voit des âmes qu'il a faites mimer avec impudence des passions qu'elles n'ont pas? Il y a deux cents ans, cela le mettait dans une colère épouvantable et il excommuniait les tricheurs...

LE CURÉ *a un geste.*

Il s'y est fait. Il s'y est fait, comme tout le monde... Ne vous mettez pas à décrocher des vieilles lunes, Général, pour tenter de torpiller notre projet. D'ailleurs, Monsieur Mendigalès m'a assuré qu'il vous déciderait à jouer vous-même!

LE GÉNÉRAL

Moi?

SOPHIE

Mais bien sûr, papa! Tu ne te crois plus assez jeune pour cela?

LE GÉNÉRAL

Moi, la gueule enfarinée? Elle est raide!

LE CURÉ

Pour la Saint-Alphonse!

DAVID EDWARD MENDIGALÈS

Vous le premier, mon Général! Je crois
avoir quelque expérience et je puis vous assu-
rer que vous êtes un comédien-né. Mon ins-
tinct ne me trompe pas. Et il faudra que ces
messieurs jouent aussi. Tout l'intérêt de notre
représentation tiendra à la notoriété de nos
vedettes. C'est une loi à laquelle on n'échappe
pas. Le docteur dans le rôle du Docteur, le
général dans le rôle d'Almaviva. Nous faisons
salle comble!

LE GÉNÉRAL

Vous voulez faire représenter un Beaumar-
chais?

DAVID EDWARD MENDIGALÈS

Non. Non. Surtout pas de classique. C'est
éculé. On n'entend même plus. Du neuf, du
neuf! Il faut faire boum! Il faut étonner. Scan-
daliser au besoin. Il faut donner une pièce très
moderne.

LE CURÉ *s'exclame.*

J'en ai une! Elle n'est plus très moderne, il

est vrai, mais elle l'a été. Je l'avais fait représenter par mon premier patronage à vingt ans.
C'est une pièce qui exalte les meilleurs sentiments et — ce qui ne gâte rien — elle est en
vers... Elle s'appelle *Les Orphelins de Ploubala*.
Cela commence sur une lande déserte. Une
vieille femme arrive, courbée par les ans,
ramassant du bois mort avec son petit-fils...

> *Il commence à réciter.*

Grand-mère, toi qui sais la légende bretonne
Toi qui sais les secrets de la mer qui moutonne
Et les grands élans noirs des corbeaux assemblés
Sur la lande où le vent agite les genêts,
Dis à ton petit Louis pourquoi l'homme qui passe
Au long du chemin creux, courbé sous sa besace,
N'a pas, près du calvaire où Jésus meurt en croix,
Fait le signe sacré du bout de ses deux doigts.

LA GRAND-MÈRE

Mon fi, c'est un méchant et si tu le rencontres
Détourne ton regard et prends garde...
... Et prends garde...

> *Il s'arrête confus.*

Il me manque une rime.

> *Tout le monde attend gentiment. Il*
> reprend.

LA GRAND-MÈRE

Mon fi, c'est un méchant et si tu le rencontres
Détourne ton regard et prends garde...

*Il s'arrête encore. Le général, exas-
péré, finit par lui crier :*

LE GÉNÉRAL

« A ta montre ! » Peut-être ?

LE CURÉ, *sans rire.*

Non. C'était un mot beaucoup plus poétique. Ah ! que c'est donc bête, pour un mot !

Il reprend.

Détourne ton regard et prends garde...

LE GÉNÉRAL

Ne cherchez donc plus, Monsieur le Curé.
Une rime perdue, dix de retrouvées, dans ces
vers-là. D'ailleurs, je suis une vieille baderne,
mais tout de même vos *Orphelins de Ploubala*
me paraissent un peu démodés. Je crains que
nous ne fassions dormir tout le monde avec
ça.

LE CURÉ, *un peu confus.*

Pourtant, de mon temps, on pleurait beaucoup.

LE GÉNÉRAL, *pour en finir.*

Depuis, on a trouvé d'autres raisons de
pleurer.

DAVID EDWARD MENDIGALÈS, *très aimable.*

Nous examinerons toutes les propositions,
Monsieur le Curé. Mais en attendant que vous

retrouviez une brochure pour vérifier cette rime, je vous propose de vous soumettre à mon tour une comédie dont j'avais par bonheur le texte dans ma valise. Voulez-vous que nous l'examinions tout de suite? Je vous rappelle que la Saint-Alphonse est le 2 août, et que si nous voulons être prêts à temps, il ne faut pas nous endormir!

AGLAÉ, *qui a pris le général
par le bras.*

Je crois, mon ami, que Monsieur Mendigalès a raison, nous devrions décider tout de suite...

SOPHIE, *s'installant pour écouter.*

Ah! ça va être passionnant! Enfin, Paris, Paris, Paris!

LE GÉNÉRAL, *pris au piège
jette un regard à Aglaé.*

Eh bien, Messieurs, puisque la générale semble y tenir, je pense que nous pourrions nous installer et écouter ce jeune homme. Je ne serai pas fâché de voir ce que c'est que le théâtre moderne. Je n'y vais jamais.

AGLAÉ

Ne vous en vantez pas, mon ami!

DAVID EDWARD MENDIGALÈS

Je suis de l'avis de Madame la Générale,

mon Général. Votre indifférence est coupable. Le théâtre moderne a fait un grand pas en avant. Le jeu pur, le divertissement, c'est fini!

LE GÉNÉRAL, *bonhomme, s'installant.*

Tiens, pourquoi? Il ne faut plus s'amuser?

DAVID EDWARD MENDIGALÈS

Habitants provisoires de cette planète que menace la destruction atomique, nous n'en avons plus le temps. Il s'agit maintenant de travailler à la prise de conscience de l'homme, par l'homme, pour l'homme — et dans l'humain. Ce qui n'exclut en rien, vous le verrez, l'angoisse métaphysique et une sorte d'humour désespéré.

LE GÉNÉRAL

Vous nous promettez là une excellente soirée! Mais, vous savez, bombe atomique ou non, nous avons toujours été des habitants provisoires de cette planète. Cela ne nous empêchait pas de rire de temps en temps.

AGLAÉ

Eh bien, je suis, moi, très curieuse d'écouter cette pièce. J'espère que vous ne voulez pas me gâcher ce plaisir?

LE GÉNÉRAL, *débonnaire, car Aglaé s'est assise sur le bras de son fauteuil et lui tient la main.*

Pour rien au monde, mon amour. Nous

vous écoutons donc, Monsieur ... Il faut toujours s'instruire impartialement... Moi je suis un homme de bonne foi; je ne me mets en colère qu'après.

DAVID EDWARD MENDIGALÈS,
qui a sorti sa brochure.

La pièce s'appelle *Zim! Boum!*

SOPHIE, *pâmée.*

Oh! *Zim! Boum!*

LE GÉNÉRAL

Zim! Boum! J'aime bien ça. Ça fait gai.

DAVID EDWARD MENDIGALÈS

Ou Julien l'Apostat.

LE GÉNÉRAL

C'est moins gai.

DAVID EDWARD MENDIGALÈS

L'écueil était le problème du style. La route giralducienne ou claudélienne était barrée. Il ne pouvait être question, pour le théâtre moderne, de reprendre à son compte la vulgarité congénitale du néo-boulevard. Le nouveau théâtre cherche son style dans le réalisme le plus banal, le plus quotidien, mais le transcende...

LE GÉNÉRAL,

Nous verrons bien, Monsieur.

DAVID EDWARD MENDIGALÈS,

« *Zim! Boum!*
ou Julien l'Apostat.
Antidrame. »

LE GÉNÉRAL *demande.*

Pourquoi antidrame?

DAVID EDWARD MENDIGALÈS

Vous le verrez tout de suite, Général. La pièce est de Popopief, un de nos jeunes auteurs français.

LE GÉNÉRAL *répète, rêveur.*

Popopief.

SOPHIE, *pâmée.*

Popopief! Ah! Cela sent déjà Paris!

DAVID EDWARD MENDIGALÈS *recommence.*

« *Zim! Boum!*
ou Julien l'Apostat.
Antidrame. »

LE GÉNÉRAL

Antidrame.

Coup d'œil d'Aglaé, coup d'œil de David Edward Mendigalès.

DAVID EDWARD MENDIGALÈS

Antidrame. « *Le décor ne représente rien.* »

LE GÉNÉRAL

Ça coûtera moins cher. *(Aglaé lui tape sur la main.)* Je ne dis rien de mal. Je pense aux frais généraux.

DAVID EDWARD MENDIGALÈS
continue un peu pincé.

« *A droite, une porte condamnée par des planches; au fond, une fenêtre trop haute pour qu'on puisse rien voir. Au milieu de la scène : un bidet.* »

LE CURÉ, *qui n'est pas sûr
d'avoir bien entendu.*

Plaît-il?

DAVID EDWARD MENDIGALÈS, *ferme.*

Un bidet. Je vous demande toute votre patience, Monsieur le Curé. Vous verrez que cet ustensile, dont la présence au premier abord peut vous choquer, a une signification profondément métaphysique.

LE CURÉ, *un peu confus.*

Dans ce cas, je n'insiste pas.

DAVID EDWARD MENDIGALÈS, *lisant.*

« *En scène Julien et Apophasie. Ils sont assis*

*par terre, accroupis l'un près de l'autre. Ils ne
se disent rien. Ils ne bougent pas. Ce silence
doit se prolonger jusqu'à la limite de résistance
du spectateur. » (Il explique :)* J'ai vu représenter la pièce à Paris; c'est un moment de
théâtre extraordinaire et d'une audace bou-
leversante! C'est la première fois, dans l'histoire du théâtre, qu'on levait le rideau et que,
le rideau levé, il ne se passait rien. Il y a là
quelque chose qui vous prend à la gorge; c'est
le néant de l'homme soudain, son inutilité,
son vide. C'est d'une profondeur vertigi-
neuse!... *(Il continue à lire :) « Au bout d'un
moment, quand l'angoisse est devenue insoutenable, Julien bouge enfin et se gratte. » (Il
explique :)* Là, c'est d'une cruauté folle! Nous
avons vu l'homme : son néant, sa vacuité, et
quand enfin il fait un geste, le premier, c'est
pour se gratter... Vous sentez?

LE GÉNÉRAL

Pas encore. Mais allez toujours.

DAVID EDWARD MENDIGALÈS, *continue.*

« APOPHASIE, voix blanche, diction mono-
corde. — *C'est une puce?* JULIEN. — *Non.*
(Un silence.) *Même pas.* (Un silence encore.)
APOPHASIE. — *J'avais cru que c'était une puce.*
JULIEN. — *Ça serait trop beau.* (Un silence.)
APOPHASIE, demande, lueur d'espoir. — *Ça
vient?* JULIEN. — *Quoi?* APOPHASIE. — *La*

chose. JULIEN, morne. — *Ça vient et ça repart.*
APOPHASIE. — *Si seulement on était sûr qu'il
y ait une chose.* JULIEN, criant soudain. —
Putain! »

LE CURÉ
fait un geste de désapprobation.

Tst! Tst! Tst! Tst! Tst!

DAVID EDWARD MENDIGALÈS, *conciliant.*

Nous pourrions remplacer par « prostituée », Monsieur le Curé, si le mot vous
choque. Mais c'est très important. C'est le
drame du couple qui s'amorce.

LE CURÉ, *ingénu.*

Ou peut-être dire « P » tout simplement.
J'ai vu une fois à Paris une affiche, dans le
métropolitain, et on m'a expliqué...

DAVID EDWARD MENDIGALÈS *le coupe.*

Nous verrons au moment des répétitions,
Monsieur le Curé. Je continue. *(Il lit :)*
« JULIEN. — *Prostituée! Toutes les mêmes.
Éteins la lampe.* APOPHASIE. — *Quelle lampe?*
JULIEN. — *La lampe!* APOPHASIE. — *Il n'y
a jamais eu de lampe.* JULIEN. — *Alors ne
l'éteins pas.* (Un silence angoissé.) *Rien. Il n'y
a rien. Il n'y a jamais rien eu. Rien ne s'est
passé jamais nulle part, et il ne se passera jamais
rien. Alors, à quoi bon continuer?* »

LE GÉNÉRAL, *qui donnait depuis un moment des signes d'impatience, se lève soudain et explose.*

Foutre, Messieurs! c'est mon avis! Restons-en là, mon garçon! Je veux croire que vous vous foutez de nous. C'est l'hypothèse la moins pénible. Et vous pensiez sérieusement que j'allais me fariner la gaufre pour débiter des âneries pareilles? Mais c'est du ragoût de veau! Mais c'est de la bouillie de chat!

DAVID EDWARD MENDIGALÈS,
dressé lui aussi, vexé, très digne.

Mais, Général, c'est le théâtre de demain.

LE GÉNÉRAL, *sec.*

Alors... je reviendrai demain!

Il est sorti, hors de lui, claquant la porte.

Ils restent tous un peu gênés. David Edward Mendigalès roule sa brochure, pincé. Sophie est navrée.

AGLAÉ *a un petit sourire et dit simplement.*

Laissez-moi faire. Moi, je le déciderai.

Le rideau tombe.

TROISIÈME ACTE

Le parc. Le théâtre de verdure qu'on est en train d'aménager sous les arbres au fond. C'est une petite estrade avec un encadrement vieillot, un morceau de rideau rouge pend abandonné par le tapissier. Des fauteuils et des chaises longues d'osier autour d'une statue sur la pelouse. Un phonographe portatif sur une chaise qui joue une valse interprétée en jazz. Seule en scène, Aglaé qui valse les yeux fermés, dans la robe blanche qu'elle portera dans la pièce qu'on va jouer : une espagnole de Goya. Entre Toto qui la regarde un instant silencieux, puis demande :

TOTO

Maman.

AGLAÉ, *sans cesser de valser,*
les yeux fermés.

Oui?

TOTO

Je venais te demander pour mon chandail jaune. Je le mets?

AGLAÉ, *valsant toujours.*

Oui, mon chéri.

TOTO

Je ne ferais pas mieux de mettre le blanc, s'il vient du monde?

AGLAÉ, *qui continuera à valser*
les yeux fermés pendant toute la scène.

Si, mon chéri.

TOTO

Seulement le blanc a un trou.

AGLAÉ

Oui, mon chéri.

TOTO

Il faut que je demande à Julia de me le raccommoder?

AGLAÉ

Oui, mon chéri.

Elle valse toujours. Toto hésite, puis demande.

TOTO

Maman.

AGLAÉ

Mon chéri?

TOTO

Mademoiselle Tromph sera là tout à l'heure, et elle a dit qu'il fallait que je sache ma table des sept.

AGLAÉ, *valsant toujours.*

Oui, mon chéri. Il faut toujours bien savoir ses tables. Si on ne sait pas bien ses tables, on ne peut rien faire dans la vie. Elle vous coule entre les doigts.

Elle danse.

TOTO *demande un peu démonté.*

Je peux te la réciter?

AGLAÉ

Quoi, mon chéri?

TOTO

Ma table des sept.

AGLAÉ, *valsant.*

Bien sûr, mon chéri.

TOTO *commence.*

Sept fois un, sept.
Sept fois deux, quatorze.
Sept fois trois...

Il s'arrête.

AGLAÉ, *dansant.*

Vingt et un.

TOTO

Sept fois trois, vingt et un.
Sept fois quatre, vingt-huit.
Sept fois cinq, trente-quatre.

AGLAÉ, *reprenant.*

Sept fois cinq, trente-cinq.

TOTO

Sept fois cinq, trente-cinq.
Sept fois six, trente-six.
Sept fois sept, trente-sept.
Sept fois huit, trente-huit.
Sept fois neuf, trente-neuf.
Sept fois dix, quarante.

Il demande.

C'est bien, maman?

AGLAÉ, *valsant.*

C'est très bien, mon chéri.

*Le général est entré depuis un moment,
costumé comme pour la pièce, vaguement
grotesque. Il a écouté stupéfait cette
curieuse leçon d'arithmétique. Toto, sans
le voir, se sauve.*

TOTO

A tout à l'heure, maman. Je vais jouer!

AGLAÉ

Joue bien, mon chéri! *(Elle danse toujours.
Le disque s'arrête. Elle fait encore quelques tours
les yeux fermés, et s'arrête. Elle ouvre les yeux,
elle est devant le général.)* Oh! Vous m'avez
fait peur.

LE GÉNÉRAL

Vous dansiez?

AGLAÉ

Je faisais réciter ses tables au petit.

LE GÉNÉRAL

En dansant?

AGLAÉ

Oui, en dansant. J'adore cette valse! Monsieur Mendigalès a des trouvailles étonnantes. Il paraît que c'est la fureur de Paris cette saison.

LE GÉNÉRAL

Paris retarde. C'est une valse de mon temps. C'est là-dessus que j'ai appris à danser avec un adjudant, à Saumur. Ils y ont seulement rajouté de la trompette. Je me demande bien pourquoi?

AGLAÉ *sourit*.

Vous êtes incorrigible. C'est ce qui en fait tout le charme.

LE GÉNÉRAL

Vous croyez?

AGLAÉ

Bien sûr; la trompette, pour vous, mon ami, c'est de l'hébreu.

LE GÉNÉRAL

Détrompez-vous. La trompette m'est familière. Mais, de mon temps, on s'en servait

pour autre chose. Pour se réveiller au petit
matin, pour aller se battre, pour éteindre les
feux le soir et s'endormir.

AGLAÉ, *qui a remis le disque*
et recommence à danser, solitaire.

Croyez-vous que notre représentation sera
réussie?

LE GÉNÉRAL

Au point où nous en sommes, il ne nous
reste plus à espérer autre chose, ou nous som-
brons tous dans le ridicule...

AGLAÉ, *dansant.*

Vous savez, mon ami, il ne faut pas croire
que je ne pense pas comme vous quelquefois.
Je suis très contente qu'on ait changé de pièce.
La première, moi non plus. je n'osais pas le
dire de peur de passer pour une petite pro-
vinciale, mais je ne l'aimais pas beaucoup.
Celle-ci est cent fois plus poétique. *Les Amours
de Doña Ardèle et de Rosario.* Quel joli titre,
n'est-ce pas? Monsieur Mendigalès m'a dit
qu'elle était adaptée de l'ancien répertoire
andalou par un jeune espagnol, fils d'exilé,
qui n'a pas encore vingt ans et qui gagne sa
vie à ouvrir des portières.

LE GÉNÉRAL

Ce détail est très touchant, mais il n'ajoute
rien à la pièce... qui est charmante d'ailleurs.

Un peu en charabia parfois, dans les moments lyriques. Mais je m'y fais.

AGLAÉ

Paris s'est engoué de lui après une première triomphale, qui n'a d'ailleurs été suivie que de quatre représentations. Mais Bébé de Mabillon l'a adopté et il paraît que dans deux ans il sera très riche et très célèbre!

LE GÉNÉRAL

Il n'aura donc plus à ouvrir que sa propre portière! Il est sauvé. *(Il dit doucement, soudain :)* Aglaé! Arrêtez-vous de danser.

Il va au phonographe et arrête le disque.

AGLAÉ *s'arrête et ouvre les yeux.*

Pourquoi?

LE GÉNÉRAL

Je n'aime pas que vous dansiez seule et les yeux fermés. Je me demande avec qui vous êtes.

AGLAÉ, *souriant.*

Vous me préféreriez dansant les yeux ouverts dans les bras d'un jeune homme?

LE GÉNÉRAL *crie.*

Oui. *(Il se reprend.)* Non. Je ne sais pas.

AGLAÉ, *doucement, toujours souriante.*

C'est un plaisir qui m'est interdit, vous le savez bien.

LE GÉNÉRAL

Pas par moi, en tout cas. Maintenant que nous avons commencé, il n'y a plus de raison de s'arrêter. Je donne un bal à l'automne pour la Saint... enfin, nous trouverons bien un saint !

AGLAÉ, *éclatant d'un petit rire étrange.*

Quelle grande nouvelle ! Nous aurons Lebelluc, Friselaine et le docteur ? *(Elle se reprend plus grave.)* Pas par vous, je le sais. Vous êtes un mari très intelligent et très généreux. Par moi.

LE GÉNÉRAL

Pourquoi ?

AGLAÉ

Parce que je suis votre femme et que j'entends vous être fidèle dans les gestes les plus secrets, comme je l'ai juré. *(Elle va dans ses bras.)* Mais vous ? Pourquoi ne dansez-vous jamais avec moi ? Remettez la musique et dansons.

LE GÉNÉRAL

Dans les bras de mon adjudant instructeur, à vingt ans, j'avais, paraît-il, une certaine grâce. Dans les vôtres aujourd'hui, j'aurais l'air d'un ours.

AGLAÉ

Essayons. Je remets la musique.

Elle le fait et le prend dans ses bras.
Le général commence à danser avec
elle une valse maladroite, puis s'arrête.

LE GÉNÉRAL

Non, Aglaé. Il faut que je vous parle.

AGLAÉ, *imperceptiblement agacée.*

De quoi? J'ai l'impression que vous voulez
reprendre notre conversation de l'autre jour.
Elle était achevée et je vous assure qu'elle
n'aura pas de suite.

LE GÉNÉRAL

Nous ne reparlerons pas de ce que vous
m'avez dit l'autre jour.

AGLAÉ, *s'asseyant bien sage.*

Alors, je vous écoute. Vous voyez, je m'as-
sois comme une écolière qui est prête à
apprendre sa leçon.

LE GÉNÉRAL

Ne jouez pas à m'embarrasser. Ce que j'ai
à dire n'est pas facile.

AGLAÉ

Vous embarrasser, vous? Une petite fourmi
comme moi? Je sais que vous connaissez

mieux la vie et les hommes, et que vous en savez plus long, sur tout, que moi.

LE GÉNÉRAL, *doucement*.

Je n'en suis plus si sûr.

AGLAÉ, *avec une ironie sans méchanceté*.

C'est bien. Au rapport, mon Général. Je vous écoute. Dispensez-moi seulement du garde-à-vous. Je suis un peu lasse.

LE GÉNÉRAL

Ne vous moquez pas. Donner des ordres, c'est facile dans un système qui se tient. Les manuels d'instruction militaire sont très au point, depuis longtemps... Les manuels d'instruction civile m'ont l'air d'être infiniment moins au point. Et je ne voudrais, pour rien au monde, perdre cette guerre. Ma dernière.

AGLAÉ

Quelle guerre?

LE GÉNÉRAL

La nôtre, Aglaé.

AGLAÉ, *doucement, sincèrement surprise*.

Mais où avez-vous été chercher que nous étions en guerre?

LE GÉNÉRAL

Un homme et une femme qui ont tenté de

partager la vie et de s'aimer — deux choses souvent contradictoires — sont presque toujours en guerre, Aglaé, secrètement.

AGLAÉ, *après un temps, d'un autre ton.*

Nous ne sommes pas un homme et une femme, comme vous dites. Vous avez des expressions absurdes. Vous êtes mon mari. Je vous ai choisi et je vous ai juré d'être une bonne femme. Je le serai — toujours — voilà tout. Il n'y a pas de guerre, ni de problème. C'est la paix. La belle paix des époques sans histoires, les enfants qui grandissent et les récoltes qui rentrent bien.

LE GÉNÉRAL

Et les écolières sages sur leur chaise, dont le regard se fait de plus en plus lointain. Il ne faut pas me prendre pour plus bête que je ne suis, Aglaé!

AGLAÉ, *vivement.*

J'ai eu tort de dire que je m'ennuyais l'autre soir. Cela a été ma seule faille. Je m'en repens.

LE GÉNÉRAL

Je sais qu'il y a en moi quelque chose d'un peu grotesque. Mes fureurs et mes exclusives vous agacent un peu, je le sais. Elles ne vous rendent pas la vie toujours aussi facile, aussi séduisante que vous le souhaiteriez. J'ai de la rigueur, c'est une vertu, mais j'ai un peu tendance à la faire payer aux autres. Vous voyez que je suis lucide. Je suis un ours blessé. On ne se refait pas. Pourquoi souriez-vous?

AGLAÉ

Je me rappelle deux vers que j'aimais beaucoup, quand j'étais jeune fille :

Ils ne viendront plus, nos amis les ours
Jeter leur pavé à ces demoiselles...

J'aime aussi vos indignations et vos colères, Ludovic, même lorsque je ne les partage pas entièrement. Vous savez quel homme facile, veule et léger, était mon père. C'est aussi, un peu, pour votre rigueur grondeuse que je vous ai aimé, par réaction. A douze ans, j'étais amoureuse d'Alceste en classe de français !

LE GÉNÉRAL

Les filles sont toujours amoureuses d'Alceste, au début. Elles disent : « Enfin! un qui n'est pas comme les autres... » Et puis, elles finissent toujours par le tromper, avec un qui est comme les autres. C'est une loi.

AGLAÉ

Ceci est de mauvais goût, mon ami. Je ne vous tromperai jamais.

LE GÉNÉRAL

Parce que vous m'aimez trop pour cela, Aglaé, ou parce que vous aimez trop la vérité?

Il y a des fidélités qui ne sont qu'à soi-même.

> *Il y a un petit silence, puis Aglaé dit doucement, fermée.*

AGLAÉ

J'aime la vérité.

> *Un silence.*

LE GÉNÉRAL *demande soudain enroué.*

Pourquoi n'êtes-vous plus la même, Aglaé?

AGLAÉ *éclate d'un petit rire léger et mystérieux.*

Quelle question! Je ne sais pas. Pourquoi les fleurs poussent-elles avec exactement le nombre de pétales, l'exacte couleur qu'il était secrètement prévu dans le livre de comptes? Pourquoi le vent souffle-t-il un beau jour leur pollen? Pourquoi? Pourquoi? Pourquoi? Ce sont les enfants qui posent des questions pareilles. Pourquoi tout pousse, tout change, tout meurt? Aux enfants, on répond : parce que...

LE GÉNÉRAL *crie soudain, presque ridicule.*

Je ne veux pas que rien change, jamais!

AGLAÉ *a un petit rire frais, sans méchanceté.*

Vous êtes drôle! C'est bien de vous. Vous

avez décidé depuis toujours comment devaient
être les choses et pas seulement moi, la France,
la nature humaine, tout! Belles, pures, dures,
éternelles, comme dans vos histoires de petit
garçon. Et si quelque chose se corrompt ou
bourgeonne, si quelque chose bouge ou vit,
si le moindre petit désordre se met dans votre
belle construction, vous faites une colère épouvantable. Une colère de petit garçon déçu. Et
vous courez vous réfugier dans les bras de
votre maman. Mais voilà, la maman aussi a
changé! Comme tout ce qui vit sur la terre...
Il faut revenir sur la terre, mon ami, en
prendre votre parti. Vous conspirerez moins,
personne ne voudra plus vous mettre en prison, vous serez plus aimable et finalement
moins malheureux.

LE GÉNÉRAL *crie encore.*

Je ne veux pas être aimable!

AGLAÉ *sourit.*

Je le sais bien. Et pourtant vous voulez
être aimé. Vous voyez comme vous êtes incon-
séquent.

LE GÉNÉRAL

Je ne veux pas être aimé!

AGLAÉ *a un petit rire*
presque dur cette fois.

Alors, de quoi vous plaignez-vous?

LE GÉNÉRAL, *soudain enroué.*

Je me plains de ce que vous ne m'aimiez plus.

AGLAÉ

Je croyais que vous ne vouliez plus être aimé?

LE GÉNÉRAL, *sourdement.*

Des autres. Mais de vous, si.

AGLAÉ

D'abord, c'est inexact. Je vous ai dit que je vous aimais encore.

LE GÉNÉRAL

Mal.

AGLAÉ, *souriante.*

Du mieux que je peux. Vous me dites que j'ai changé. C'est possible. Vous m'avez prise jeune fille; vous m'avez faite femme. C'est un petit phénomène auquel les hommes ne s'habitueront jamais. Vous êtes toujours à conspirer contre l'inévitable. A vous battre contre les moulins. Les moulins tournent. La France et moi nous changeons.

LE GÉNÉRAL, *humble.*

Dites-moi la vérité, Aglaé.

AGLAÉ

Vous savez comme c'est dangereux de me

la demander. Aux autres femmes, on le peut,
elles l'arrangent. A moi, c'est terriblement
imprudent, je la dis.

LE GÉNÉRAL

Si un jour vous étiez séduite par un autre
homme, vous me tromperiez?

AGLAÉ, *nettement*.

Non.

LE GÉNÉRAL

Pourquoi?

AGLAÉ

Parce que je l'ai juré.

LE GÉNÉRAL *explose soudain*.

Vous êtes une petite puce impudente, après
tout! Crénom, je vais vous montrer qui je
suis! Vous croyez que je vais vivre et avaler
votre pilule?

AGLAÉ

Quelle pilule? Je viens de vous dire que je
ne vous tromperai jamais.

LE GÉNÉRAL

Parce que vous l'avez juré, tonnerre? Vous
me prenez pour un daim, ma petite dame?
Vous croyez qu'un homme digne de ce nom
s'en va sous l'averse, abrité sous un parapluie
pareil? Un serment! Je m'en fous, moi, des

serments, crénom! Je veux que vous ne me trompiez jamais, parce que vous m'aimez, un point c'est tout! Et si un freluquet vous intéresse, je dirai mieux : je souhaite que vous me trompiez!

AGLAÉ

N'y comptez pas.

LE GÉNÉRAL

C'est ce que nous verrons, petite masque! J'y veillerai moi-même au besoin. Vous ne me connaissez pas!

AGLAÉ *hausse les épaules.*

Vous êtes un extravagant. Vous ne savez pas ce que vous dites.

LE GÉNÉRAL, *hors de lui.*

Je sais parfaitement ce que je dis! Depuis quand vous croyez-vous née? C'est un argument dont je ne me sers jamais, ma petite fille, mais vous vagissiez encore dans vos couches que d'autres femmes me jouaient déjà le petit jeu... Je sais à quoi m'en tenir sur vous toutes. Ah mais!

AGLAÉ

Mon ami, si nous nous mettons tous deux à faire sonner nos âges, nous allons au-devant des pires vulgarités.

LE GÉNÉRAL

Je serai vulgaire si cela me plaît! Cocu, je
l'entends ainsi! C'est bon pour un curé d'être
protégé par un serment. Et si on vous prend
la main, le soir, dans les jardins...

AGLAÉ, *doucement, mais fermement.*

Mon ami.

LE GÉNÉRAL

Je ne vous demande pas qui, je le saurai
bien! Si un coquebin vous aguiche — ou vous
apaise comme vous dites dans votre jargon —
j'exige que vous alliez jusqu'au bout et que
vous me trompiez. Cela serait trop commode :
du roman! De la littérature de bibliothèque
de gare avec son bel honneur intact! Trom-
pez-moi, crédieu, courageusement. Ce sera
moins humiliant. Et à moi de me défendre!
A moi de vous apprendre, à tous les deux,
qu'il faut se méfier des petits garçons sur le
retour. Pour commencer, je ne joue plus la
pièce!

AGLAÉ *s'est éloignée posément,*
elle a été remettre le disque.

Vous vous enferrez.

LE GÉNÉRAL, *assis dans un coin, boudant.*

Jusqu'à la garde, et que le sang gicle! C'est
ma façon.

AGLAÉ *qui s'est remise à danser.*

Vous voulez que je vous désarme d'un mot?

LE GÉNÉRAL *ricane.*

D'un mot, ça m'étonnerait! Il a toujours fallu plus d'un mot pour me désarmer. Renseignez-vous auprès de la demi-douzaine de jolis cœurs que j'ai laissés sur le carreau au cours de mon enfance prolongée.

AGLAÉ, *qui danse toujours.*

Je ne vous tromperai pas parce que je l'ai juré. J'aurais horreur que vous fussiez trompé. *(Elle s'arrête un instant de danser, elle est derrière lui. Elle dit soudain, nette :)* Mais si, un jour, j'aime un autre homme, je vous le dirai avant qu'il me touche, et je partirai avec lui le lendemain. Voilà. Cela je ne l'ai pas juré, mais j'en suis sûre.

LE GÉNÉRAL, *pétrifié soudain.*

Aglaé. Mon petit oiseau.

AGLAÉ, *doucement, après un temps.*

Je vous ai dit qu'il ne fallait jamais me demander la vérité. Arrangez-vous pour que je n'aime jamais un autre homme, voilà tout.

Elle s'est remise à danser, absente.

LE GÉNÉRAL *s'est levé*.

Je serai amusant. Je serai drôle. Je donnerai des fêtes. Je rapprendrai à danser. Je jouerai la pièce et, au dernier acte, je me mettrai à quatre pattes pour recevoir des coups de bâton, comme cela est écrit dans la mise en scène de Monsieur Mendigalès.

> *Il a esquissé une danse grotesque, il a fini par tomber à genoux devant elle qui s'est arrêtée. Aglaé le regarde, amusée, puis dit posément :*

AGLAÉ

Reprenez-vous. Je n'aime pas quand vous me forcez à être une femme. Nous avons des rapports plus rares tous les deux. Laissez-moi le plaisir de vous respecter. *(Elle change de ton.)* Nous répétons dans une demi-heure. Vous m'avez mise hors de moi. Je ne vais plus être à mon rôle. Et il faut au moins que cette comédie-là soit bien jouée. Je reviens.

> *Elle est sortie rapidement.*
> *Le général reste seul en scène, désemparé. Entre Lebelluc.*

LEBELLUC

Bonjour, Général. Je suis en avance. Mon rôle me travaille. Je suis inquiet. J'ai l'impression de ne pas bien sortir mon personnage.

LE GÉNÉRAL, *soudain*.

Lebelluc! Vous avez connu beaucoup de femmes?

LEBELLUC, *sur ses gardes*.

Oui et non. Qu'allez-vous inventer encore? Depuis l'autre soir, vous m'inquiétez.

LE GÉNÉRAL, *humble*.

J'ai tellement peu d'expérience. Quand on sent pour la première fois quelque chose qui change, rien, un ton de voix, un regard...

LEBELLUC

Mon cher, vous fumez le cigare? A la première bouffée amère, il faut le jeter. Si on s'obstine, par avarice ou par veulerie, on s'écœure tout bonnement. Après tout, il y en a d'autres dans la boîte pour vous redonner un plaisir neuf! Les femmes, pareil.

LE GÉNÉRAL, *découragé*.

Oui. Je vois que nous ne parlons pas exactement de la même chose, Lebelluc.

Entre Bélazor.

BÉLAZOR

Mon coco, ma scène du deux avec le Capitan, je crois bien que je l'ai trouvée. C'est merveilleux de jouer la comédie. On est tellement plus naturel que dans la vie. C'est peut-être parce qu'on a moins à mentir. Ah!

vous êtes là, Lebelluc? Allons-y entre nous, en marchant. Moi j'ai besoin de faire les gestes. *(Il commence.)* « Quoi, Monsieur? »

Lebelluc commence.

LEBELLUC

« Quoi, Monsieur? »

BÉLAZOR

« Non, Monsieur! »

LEBELLUC

« Si, Monsieur! Savez-vous que je pourrais vous tirer les oreilles et vous les couper avec mon grand sabre, Monsieur? »

BÉLAZOR

« Savez-vous, Monsieur, que je pourrais couper également les vôtres? »

LEBELLUC

« Raisonnons donc plutôt, Monsieur! »

BÉLAZOR

« Oui, Monsieur! »

LEBELLUC

« Non, Monsieur! »

BÉLAZOR

« Si, Monsieur! »

Ils sont sortis en gesticulant.

LE GÉNÉRAL, *resté seul.*

Oui, Monsieur! Non, Monsieur! Si, Monsieur! Je vous les couperai vos oreilles. Et autre chose aussi dont je me ferai des boutons de manchettes, crénom! Ah! c'est trop bête! Il suffit de savoir un nom, c'est pourtant simple, mille tonnerres, qui était chez moi ce soir-là? *(Il va aux fauteuils, pensif.)* La Bise. Bon. *(Il s'assoit sur les fauteuils et se relève.)* Le docteur... Lebelluc... Cet imbécile de Bélazor qui m'a avoué qu'il s'était retiré un peu à l'écart avec Friselaine pour lui raconter des cochonneries. Là! Il était parti, l'animal! Je le vois comme si j'y étais. Adossé au socle, avantageux, feignant de m'écouter. Il s'est un peu penché. *(Il fait le geste.)* Mais qui était à cette place, nom d'un chien? Suis-je bête! C'était moi! Mauvaise piste. Recommençons!

> *Il recommence. Entre le curé qui le regarde curieusement essayer les fauteuils les uns après les autres en marmonnant.*

LE CURÉ

Qu'est-ce que vous faites, Général? Vous me paraissez agité. Un plan de bataille.

LE GÉNÉRAL

Monsieur le Curé, je cherche qui était assis sur cette chaise longue, mercredi dernier, après le dîner.

LE CURÉ, *tranquille*.

Ne cherchez plus, mon ami, c'était moi.

> *Le général reste interdit et le regarde.*
> *Il y a un silence. Le curé sourit tou-*
> *jours.*

LE GÉNÉRAL, *étranglé*.

Je sais bien que la journée est aux révéla-
tions, mais, tout de même... Vous n'allez pas
me dire que c'est vous qui avez pris la main
de ma femme dans le noir, Monsieur le Curé?

LE CURÉ

Si, mon ami. Mais comment l'avez-vous su?
J'avais pris soin de ne pas être vu.

LE GÉNÉRAL

Elle me l'a dit. Sans me dire qui.

LE CURÉ

Pardonnez-moi, mon ami, mais elle m'a fait
de la peine, ce soir-là. Elle écoutait depuis le
début de la soirée, elle écoutait bien sagement.
Elle avait fait bien comme il faut ses petits
devoirs de maîtresse de maison; elle avait passé
sa tasse de café à chacun et demandé combien
de morceaux de sucre, et puis elle s'était assise
à sa place, petite prisonnière au milieu de
nous. Vous parliez et au loin on entendait,
dans le noir, les bouffées de musique et les
éclats de rire de Mademoiselle Sophie et de

ses jeunes amis qui dansaient sur la pelouse.
A un moment, elle a frissonné, imperceptiblement, et sans raison, car le soir était
tiède et j'ai compris que c'était là-bas, dans
les rires bêtes et les surprises de la jeunesse
et de la nuit, qu'elle aurait dû être, elle aussi
— pas avec nous. Alors j'ai posé ma main sur
la sienne pour qu'elle sente que quelqu'un
l'avait devinée. Voilà.

> *Il y a un silence. Le général demande,*
> *soudain enroué.*

LE GÉNÉRAL

Vous croyez qu'elle n'est pas heureuse?

LE CURÉ

Je crois qu'elle a, comme on dit, tout pour
être heureuse. Mais je crois — dans le cas
des femmes particulièrement — que cela ne
suffit pas toujours pour être heureux.

LE GÉNÉRAL *demande humblement.*

Vous croyez que je devrais l'amuser davantage?

LE CURÉ

Peut-être. Les femmes ont surtout besoin
d'être amusées. On les accuse toujours de
perdre les hommes — qui se perdraient bien
sans elles: il n'y a qu'à voir dans les guerres,
par exemple, quand ils sont seuls, les gaspil-

lages et les frivolités qu'ils accumulent. Au fond, en ayant l'air de demander tout, elles demandent peu de choses. Un peu de bruit autour d'elles et de chaleur, un peu de plaisir.

LE GÉNÉRAL *grommelle*.

Monsieur David Edward Mendigalès et ses plaisanteries de jeune daim! Ses pièces de fou, ses danses de nègres et leurs éclats de rire pour rien. Les petits sentiments inachevés et qui ne tirent jamais à conséquence. La mousse de la vie! Elles vivent de mousse. *(Il avoue un peu ahuri.)* Elles m'incommodent. Je ne peux pas dire que je les déteste. Elles m'incommodent.

LE CURÉ *sourit*.

Et encore! Vous faites là le portrait des honnêtes femmes et des jeunes filles. Mais il y a les autres, croyez-m'en, qui voient plus loin et plus profond. Qui trament les empoisonnements, les ruines et les longues humiliations. Il y a notre vieille mère redoutable, alliée du serpent.

LE GÉNÉRAL *crie soudain*.

Mais je l'aime, moi. Je suis prêt à m'ouvrir le ventre comme le pélican et à lui donner mes tripes!

LE CURÉ, *gentiment*.

Elles n'aiment pas que les tripes! Elles aiment aussi les sucreries.

LE GÉNÉRAL, *après un temps*.

Comment faut-il s'y prendre? Vous le savez, vous? Je crois bien que je n'ai jamais su.

LE CURÉ

Comme ces explorateurs qui ramènent une adorable petite panthère des pays chauds. Jouer avec elle comme avec un petit chat, lui apporter des petits lambeaux de viande crue et des morceaux de sucre tous les jours, la tenir parfois en laisse et la laisser gambader parfois, recevoir ses petits coups de langue rêche et lui gratter le dos, mais ne jamais perdre de vue qu'un beau matin, tout en vous adorant, elle peut sentir l'odeur du sang, se réveiller une panthère et vous étendre mort, d'un coup de griffe. *(Il se ravise, un peu confus et rectifie.)* Je ne parle pas, bien entendu, du portrait théorique de l'épouse chrétienne.

> *On entend des voix qui approchent dans l'allée. Le général se raccroche à lui, désemparé.*

LE GÉNÉRAL

Les voilà qui reviennent pour répéter. Je ne lui dis rien?

LE CURÉ

Non. Jouez cette comédie d'abord et que la fête soit réussie. C'est capital parfois d'être frivole. Soyez gai, soyez drôle, plus facile, lais-

10

sez un tout petit peu l'avenir de la France et tous ces grands problèmes que d'autres s'échineront à résoudre éternellement après nous. En un mot, moins de tripes, mon ami, et un peu plus de dessert.

LE GÉNÉRAL

Les desserts m'écœurent.

LE CURÉ, *gaillardement.*

Faites comme si vous les adoriez ou, bientôt, c'est vous qui mourrez de faim. Allons, Général, un peu de courage! Croquez un petit morceau de papier rouge et en avant! Vous savez que vous êtes très drôle dans la pièce?

LE GÉNÉRAL,
lui mettant la main sur l'épaule.

Monsieur le Curé... Dire que ce vieux coureur de Lebelluc n'a trouvé le moyen de ne me parler que de cigares! Comment se fait-il qu'il n'y a que vous qui connaissiez bien les femmes?

LE CURÉ, *modeste et confus.*

Oh! c'est tout théorique, mon ami...

LE DOCTEUR, *entrant avec les autres.*

Alors, nous répétons, nous répétons? Moi je ne pense plus qu'à cette pièce. Je bâcle mes accouchements, et quand c'est trop long,

je fais des césariennes. Rassurez-vous, c'est
une opération sans danger maintenant! Nous
n'attendons plus que vous, mon Général.

LE GÉNÉRAL, *gaiement.*

Allons-y, mes enfants! *(Au curé en pas-
sant près de lui.)* C'est assez gai?

AGLAÉ

Et Monsieur Mendigalès? Comment se
fait-il qu'il ne soit pas encore là? Nous ne
saurions rien faire de bon sans notre metteur
en scène. *(Elle ajoute :)* D'ailleurs, Monsieur
Achille de Lépaud n'est pas là non plus, ils
doivent venir ensemble.

LE GÉNÉRAL

Il faut que nous prenions l'habitude d'être
à l'heure, mes enfants, ou nous n'en sortirons
jamais! *(Il ajoute :)* C'est une remarque que
je vous fais gaiement.

*Lebelluc et Bélazor commencent, agi-
tés comme des idiots.*

BÉLAZOR

« Quoi, Monsieur? »

LEBELLUC

« Si, Monsieur! »

BÉLAZOR

« Non, Monsieur! »

LEBELLUC

« Si, Monsieur ! »

LE GÉNÉRAL

« Silence vous deux ! Commençons au moins par le début. *(A Aglaé :)* La pantomime ! »

AGLAÉ

Que puis-je faire sans Monsieur Achille de Lépaud, mon ami ?

LE GÉNÉRAL

C'est juste ! Alors à vous, Ledadu ! Seulement pour le texte, à l'italienne, en attendant Monsieur Mendigalès.

> *Ledadu et tante Bise qui sont les seuls costumés, montent sur l'estrade et commencent.*

LEDADU, *à tante Bise.*

« Dame Marlotte, mon amour, pourquoi me regardes-tu toujours de loin et de haut, comme si ce n'était pas moi que tu aimes ? Tu as donc oublié nos nuits et toutes ces petites choses douces qui te faisaient roucouler dans le foin ? »

TANTE BISE

« Lucador, vous ne me traitez pas comme une dame ! »

LEDADU

« Tu ne pensais pas tant à faire la dame, l'autre soir ! »

TANTE BISE

« Le jour, c'est le jour, et la nuit, c'est la nuit, pour nous autres honnêtes femmes et quand tu me rencontreras le jour, tu dois me dire des choses polies et me baiser respectueusement la main. »

Elle la lui tend.

LEDADU *s'exécutant de mauvaise grâce.*

« Je n'aime pas baiser la main des dames; elles sentent toujours un peu l'oignon. »

LE DOCTEUR *monte sur l'estrade.*

« Holà, marauds, je vous surprends ! Du fricotage dans la maison du vénérable Dom Pépin ? *(Il se retourne vers Aglaé qui s'est montée aussi.)* Doña Ardèle, vous arrivez bien. Je crois qu'il y a quelque désordre chez vous. Pardonnez-moi de vous parler franchement, mais je suis l'Alcade de ce pays et la moralité fait en quelque sorte partie de mes attributions municipales. »

AGLAÉ

« Voilà des choses, Monsieur l'Alcade, qu'on ne laisse pas entendre impunément à une maîtresse de maison honnête femme ! Expliquez-vous. »

LE DOCTEUR

« Je le ferai certes et en la présence du vénérable Dom Pépin qui surgit là bien à propos ! »

>   *Tout le monde se retourne vers le général qui bondit sur scène à son tour.*

LE GÉNÉRAL

« Madame... J'en apprends des choses ! Des vertes et des pas mûres et de tout acabit ! »

SOPHIE *entre, bouleversée, un journal à la main, interrompant tout. Elle crie :*

Papa ! Il faut absolument que je te parle ! C'est affreux ce qu'il y a dans *le Figaro* !

LE GÉNÉRAL *grommelle.*

Encore une mauvaise nouvelle ? On ne m'apprend que ça à moi !

LE CURÉ, *ingénu.*

Dans *le Figaro* ? Cela m'étonnerait !

SOPHIE *s'est écroulée, sanglotant, crispant son* Figaro, *sur une chaise longue.*

Papa ! Mon petit papa chéri, vite !

LE GÉNÉRAL, *goguenard.*

Mon petit papa chéri ? Il faut que cela soit bien grave ! Est-ce que je peux vous demander de me laisser un instant avec ma fille, mes amis ? Continuez donc à faire des petits bouts de texte dans l'allée, en attendant Monsieur Mendigalès. Sans quelqu'un à l'avant-scène, on ne fait jamais rien de bon. On donne de la voix, on s'enchante les uns les autres, et de la salle c'était très mauvais. Moi, j'ai besoin d'être soutenu.

BÉLAZOR

Après nous avoir insultés, mon coco, tu es devenu encore plus cabot que nous tous ! Ce qui n'est pas peu dire... *(Il enchaîne en sortant.)* « Quoi, Monsieur ? »

LEBELLUC

« Si, Monsieur ! »

BÉLAZOR

« Non, Monsieur ! »

LEBELLUC

« Si, Monsieur. Savez-vous que je pourrais vous tirer les oreilles et vous les couper avec mon grand sabre, Monsieur ? »

LE DOCTEUR,
clamant aux deux autres sortant.

« Holà, marauds ! Je vous y prends ! Du fricotage dans la maison du vénérable Dom Pépin ? »

Ils sont tous sortis, sauf Aglaé et So-

phie, toujours sanglotante sur sa chaise longue.

LE GÉNÉRAL

Eh bien, qu'est-ce qu'il y a, sacrebleu? Vous le savez, vous? *(Il se retourne vers Aglaé.)*

AGLAÉ *prend le journal*
de la main inerte de Sophie et lit :

« On nous annonce les fiançailles de Monsieur David Edward Mendigalès, fils de l'industriel bien connu, avec Mademoiselle Ghislaine-Marie-Victoire-France-Chantal Lévy-Dubois, fille de Monsieur Paul Lévy-Dubois, de la banque Lévy-Dubois et de Madame Paul Lévy-Dubois, née de La Rochefoutras. »

LE GÉNÉRAL

Bravo !

SOPHIE *s'est dressée comme une furie.*

Papa, tu es odieux !

LE GÉNÉRAL, *ferme.*

Tu es malheureuse; c'était l'homme de ta vie, mais c'est le troisième; tu as vingt ans et il y en aura sans doute d'autres. Et comme c'était un imbécile, je dis : bravo !

SOPHIE, *hors d'elle.*

Je te défends de l'insulter, papa !

LE GÉNÉRAL, *se frottant les mains.*

Je tiens le bon bout maintenant, je vais me gêner!

AGLAÉ, *doucement.*

David Edward Mendigalès n'est pas un imbécile, mon ami. Monsieur Achille de Lépaud me disait encore hier à propos de lui...

LE GÉNÉRAL *la coupe, brandissant son Figaro.*

Non, d'ailleurs il est pire : un malin!

AGLAÉ

Il ne s'agit sans doute là que d'un malentendu qu'il va nous expliquer dans un instant.

LE GÉNÉRAL

Dans *le Figaro?* C'est impossible! Il n'y a jamais de malentendus dans *le Figaro.* Et si on y lit que Monsieur David Edward Mendigalès est fiancé à Mademoiselle de La Roche-foutras, née Lévy-Dubois ou le contraire, c'est que c'est vrai. *Le Figaro* tire à six cent mille exemplaires, donc tout ce qu'il y a dedans est vrai!

SOPHIE *gémit, désespérée et comique à la fois.*

Celui-là, je l'aimais, papa! Je suis sûre que je l'aimais! Ça n'avait aucun rapport avec

Urbain Gravelotte, ni avec Jean-François Piedelièvre !

LE GÉNÉRAL

Plus de rapport que tu ne te l'imagines, ma
petite fille ! Attends le quatrième pour juger.

SOPHIE *se redresse flamboyante.*

Tu ne connais rien à l'amour, papa !

LE GÉNÉRAL *bafouille.*

Non. Enfin, si. Un peu. Comme tout le
monde.

SOPHIE

Tu as eu une histoire lamentable avec
maman qui ne t'aimait pas !

LE GÉNÉRAL

Qu'en sais-tu ? Tu n'étais pas là, après tout !

SOPHIE *continue,* hargneuse.

Quelques maîtresses au hasard des garni-
sons, et puis tu as rencontré Aglaé qui avait
été élevée en province, qui est un ange de
patience et de résignation, qui dit toujours
oui à tout. Comment peux-tu comprendre
quelque chose à la souffrance d'une femme ?

LE GÉNÉRAL, *interloqué.*

La souffrance d'une femme. La souffrance
d'une femme. *(Il explose.)* Mais sacrebleu,

tu es ma fille et une petite morveuse de rien du tout! Je vais te flanquer une paire de calottes, moi, pour te l'apprendre, la souffrance d'une femme!

SOPHIE, *au comble du mépris.*

Tu vois, c'est tout ce que tu es capable de trouver comme argument, me donner des gifles comme à dix ans! Ah! ma pauvre Aglaé! Je suis malheureuse comme une bête, mais, en ce moment, c'est vous que je plains.

LE GÉNÉRAL *s'étrangle.*

C'est elle que tu plains? C'est elle que tu plains? Mais c'est une histoire de fous! Et pourquoi la plains-tu, s'il te plaît?

SOPHIE

Parce que tu ne comprends jamais rien à rien et qu'elle est ta femme. Oh, le monde est trop laid, personne ne connaît personne! Il vaut mieux mourir tout de suite. Nous sommes là pour tout rater, tous, toujours. Je me ferai bonne sœur, j'irai soigner les lépreux avec le docteur Schweitzer, comme Florence Déterling (des pétroles), je ferai du théâtre.

LE GÉNÉRAL, *goguenard.*

C'est la dernière solution qui me paraît la plus indiquée!

SOPHIE

L'ironie, en plus, ta célèbre ironie! Aglaé,

dites-le-lui donc, vous aussi, une bonne fois
que vous souffrez, que nous crevons toutes
de leur égoïsme. Dites-le-lui ce que c'est
qu'un homme et que vous en avez assez,
vous aussi!

LE GÉNÉRAL *hurle à son tour.*

Mais enfin, foutre, c'est moi qui en ai
assez d'être accusé de tout, à propos de rien
et de n'importe quoi, toujours! Est-ce moi
qui ai fait écrire dans *le Figaro* que j'annon-
çais mes fiançailles avec Mademoiselle Lévy-
Dubois de La Rochefoutras? (*Il se retourne
vers Aglaé.*) Dites quelque chose! Vous ne
dites rien et on n'entend que vous!

SOPHIE *est retombée sanglotante et cocasse.*

Oh! que je suis malheureuse! Je suis trop
malheureuse! Celui-là, je l'aimais. Je l'aimais
comme une femme.

AGLAÉ *s'avance.*

Sophie, vous êtes une petite fille. Votre
papa a raison. Je crois que vous oublierez
celui-là comme les deux autres.

SOPHIE

Les deux autres, cela n'avait rien donné
sur le plan physique, je peux l'avouer maintenant : c'était raté. Mais celui-là, j'étais sa
femme...

LE GÉNÉRAL, *interdit,*
hésitant à comprendre.

Les deux autres n'avaient rien donné sur
le...

SOPHIE, *qui renifle.*

Non. Rien du tout.

LE GÉNÉRAL

Et celui-là, tu...

SOPHIE *hausse les épaules*
dans ses sanglots.

Mais bien sûr, papa! Tu crois que nous
vivons comme de ton temps? Nous ne sommes
plus en 1900!

LE GÉNÉRAL

Crénom! *(Il rectifie malgré lui.)* D'abord,
en 1900, je n'étais pas né! *(Il se retourne vers
Aglaé, s'efforçant au calme.)* Est-ce que je
comprends bien ou est-ce que je suis définitivement un imbécile?

AGLAÉ, *avec un petit sourire.*

Je crois que vous comprenez bien.

LE GÉNÉRAL *hurle soudain.*

Les oreilles à tous les trois! Et le reste en
plus, au dernier! Je vais chercher mes sabres.

Il sort en courant comme un fou.
Aglaé s'approche de Sophie.

AGLAÉ

Ma petite Sophie, vous avez été très imprudente et très sotte. Et très indiscrète. Rien ne vous autorisait à parler de moi comme vous l'avez fait. Je ne vous ai jamais fait de confidences.

SOPHIE

Vous croyez que je ne vous vois pas, cramponnée à votre vertu, comme à une bouée de sauvetage? Ah! je le paie; je suis malheureuse, mais je ne regrette rien. David Edward est un petit arriviste et un mufle, mais au moins, moi, je me suis amusée avec lui!

AGLAÉ

J'aime votre père, Sophie, et quand je l'ai épousé, il y a dix ans...

SOPHIE, *soudain méchante,*
ce n'est plus un bébé, c'est une femme.

Vous aimiez déjà le pot-au-feu, je le sais. Chacun ses goûts. Mais, tout de même... comment peut-on aimer papa?

> *Elle est sortie, haussant les épaules. Aglaé reste immobile, impénétrable. Le général rentre aussi vite qu'il était parti. Il reste un instant interdit, Aglaé sourit.*

AGLAÉ

Eh bien, et vos sabres?

LE GÉNÉRAL *hausse les épaules,*
il s'assoit.

C'était sans doute ridicule, comme le reste.
(Un silence, il dit soudain sourdement :) C'était
tout de même ma petite fille. Je ne sais pas
si vous pouvez très bien comprendre... Je ne
peux pas me faire à l'idée que... *(Il s'arrête et*
murmure :) Le monde ne tourne plus rond.

AGLAÉ, *doucement.*

Si, le monde tourne rond, mais il tourne,
voilà tout. Vous le regardez sans y rien comprendre, en effet, perché je ne sais où. Il faut
redescendre enfin parmi nous, mon ami. Un
peu de courage, sautez, officier parachutiste!
Et vous verrez que tout vous paraîtra plus
simple en bas.

LE GÉNÉRAL, *sourdement.*

Pour la première fois, j'ai peur de me faire
mal.

AGLAÉ *tressaille, soudain animée.*

Je crois que je viens d'entendre la voiture
de Monsieur Achille de Lépaud. Je la recon-
naîtrais entre mille! *(Pour la première fois, en*
entendant ce nom qu'Aglaé prononce souvent, le
général relève la tête. Aglaé s'en est aperçu, elle
rectifie posément, souriante :) Les voitures
rapides de ces jeunes gens ne sont pas très
discrètes... Monsieur Mendigalès est sûrement
avec lui. Nous allons pouvoir répéter *(elle lui*

dit soudain, nette, presque dure.) **Dites-vous bien que de toutes façons cette représentation doit être réussie. Nous ne pouvons plus reculer maintenant. Pas d'extravagances. Je ramène tout le monde dans cinq minutes et nous répétons.**

> *Elle est sortie. Le général lui crie pendant qu'elle sort.*

LE GÉNÉRAL

Envoyez-moi tout de même ce jeune homme!

MARIE-CHRISTINE *entre en trombe.*

Papa! Le fils du laitier m'a encore pincé le derrière!

LE GÉNÉRAL *la regarde et demande :*

Ça t'a fait plaisir?

MARIE-CHRISTINE, *indignée.*

Mais non, papa!

LE GÉNÉRAL

Crois-tu qu'on pince aussi souvent le derrière aux filles à qui ça ne fait pas plaisir?

MARIE-CHRISTINE,
vexée comme une femme.

C'est bien, tu l'auras voulu!

> *Elle est sortie, le général fait quelques pas derrière elle, criant :*

LE GÉNÉRAL

Qu'est-ce que j'aurai voulu? Qu'est-ce que j'aurai voulu, nom d'un chien? Il faut que ça éclate maintenant! Moi, je ne peux plus! Je prends les deux colonnes à pleines mains et je fous la baraque par terre!

Tante Bise entre essoufflée comme si elle avait couru.

TANTE BISE

Ludovic!

LE GÉNÉRAL *aboie.*

Quoi?

TANTE BISE

J'ai appris l'affreuse nouvelle! Le désespoir de cette enfant! La rupture des fiançailles!

LE GÉNÉRAL

Oui. Et alors?

TANTE BISE

J'ai peur d'être coupable, Ludovic!

LE GÉNÉRAL

De quoi encore? Tu penses comme j'ai le temps de m'occuper de tes états d'âme en ce moment!

TANTE BISE

J'ai eu l'occasion de parler souvent seule à

11

seul avec Monsieur David Edward Mendigalès depuis que nous répétons. Je lui ai dit
beaucoup de choses sur l'amour des femmes
plus mûres, sur leur mélange de sensualité et
de tendresse opposé à la versalité coupable des
petits fruits verts comme Sophie. J'ai peur
d'avoir troublé ce jeune homme!

LE GÉNÉRAL *va vers elle,*
les dents serrées.

Fous-moi le camp.

TANTE BISE *gémit.*

Je suis une femme fatale, Ludovic!

LE GÉNÉRAL *hurle.*

Rassure-toi, Bise, seulement pour moi! (*Il*
l'a violemment poussée dehors. Il se retourne
vers David Edward Mendigalès qui est entré
très à l'aise; il l'arrête.)

LE GÉNÉRAL

Monsieur !

DAVID EDWARD MENDIGALÈS

Vous vouliez me demander quelque chose,
Général?

LE GÉNÉRAL

Oui. Vous n'avez naturellement aucune notion de l'honneur?

DAVID EDWARD MENDIGALÈS,
qui semble ne pas comprendre.

Je suis encore très jeune. Mais papa, lui, en revanche, a la Légion d'honneur. Il est même quelque chose de très bien là-dedans, comme dans tout.

LE GÉNÉRAL *grommelle.*

Aucun rapport. Vous n'avez naturellement jamais tenu la moindre latte, le moindre fleuret?

DAVID EDWARD MENDIGALÈS

Non. Je n'ai jamais fait d'escrime. Mais, au collège, j'étais champion de cricket.

LE GÉNÉRAL

Je vois. Comme moi, je n'ai jamais fait de cricket, une rencontre entre nous, dans un cas comme dans l'autre, serait donc un assassinat.

DAVID EDWARD MENDIGALÈS

Une rencontre? Vous souhaitez me rencontrer autre part qu'ici?

LE GÉNÉRAL

Non, Monsieur. Je vois que les termes mêmes de ces sortes de choses vous sont étrangers. Le monde tourne. Pour ce qui nous reste à faire, ce lieu suffira donc. On peut très bien y échanger des calottes. C'est de tous les temps.

DAVID EDWARD MENDIGALÈS

Je ne vous comprends pas.

LE GÉNÉRAL

Vous allez me comprendre. Lisez-vous *le Figaro*?

DAVID EDWARD MENDIGALÈS,
s'asseyant désinvolte.

Rarement. Je lis *l'Express*.

LE GÉNÉRAL

C'est très bien. Vos convictions progressistes ne vous empêchent pourtant pas de jeter un rapide coup d'œil sur la chronique mondaine du *Figaro* de ce matin?

Il lui tend le journal. David Edward Mendigalès y jette un rapide coup d'œil.

DAVID EDWARD MENDIGALÈS

Oh! Papa est incorrigible! Je lui avais dit de ne pas l'annoncer. Sophie l'a lu?

LE GÉNÉRAL

Oui.

DAVID EDWARD MENDIGALÈS,
sincèrement ennuyé.

Pauvre petite Sophie. Je détesterais lui faire de la peine. Vous ne la connaissez pas, Général, mais c'est un petit être si charmant, si sensible...

LE GÉNÉRAL, *un peu interloqué.*

Je la connais mal, il est vrai, mais je la connais tout de même un peu. Elle est en effet très sensible.

DAVID EDWARD MENDIGALÈS

Oh, c'est trop bête! C'est vraiment trop bête! On n'aurait jamais dû annoncer cela.

LE GÉNÉRAL

C'est une fausse nouvelle?

DAVID EDWARD MENDIGALÈS,
très à l'aise.

Non. La nouvelle est exacte, mais ce n'était vraiment pas la peine de l'annoncer si tôt. Papa est un bébé impatient d'épater ses amis, de parader à son club avec cette nouvelle distinction. Alors, tout de suite, *le Figaro*, comme un petit jeune homme. Il n'y a plus de parents! Je suis navré pour Sophie, Général.

LE GÉNÉRAL

Jeune homme... En décorant Monsieur votre père de la légion d'honneur, puisque vous me dites qu'il est décoré, on ne lui a pas remis une petite brochure pour lui en expliquer les rudiments?

DAVID EDWARD MENDIGALÈS

Les rudiments de quoi?

LE GÉNÉRAL

De l'honneur.

DAVID EDWARD MENDIGALÈS, *que ça amuse.*

Peut-être. Mais papa ne lit jamais les prospectus. Il est bien trop occupé pour cela. Il a dû le fourrer dans sa poche et l'oublier.

LE GÉNÉRAL

C'est bien ce que je craignais. Dans votre élégant collège non plus, la matière n'était pas au programme?

DAVID EDWARD MENDIGALÈS

Nous faisions surtout beaucoup de ski. C'était un collège suisse.

LE GÉNÉRAL

Eh bien, il n'est jamais trop tard pour apprendre. Vous avez bien cinq minutes, n'est-ce pas? Je vais vous donner votre première leçon.

DAVID EDWARD MENDIGALÈS

De quoi?

LE GÉNÉRAL

D'honneur.

DAVID EDWARD MENDIGALÈS
se raidit un peu.

Je n'ai de leçons d'honneur à recevoir de personne, Général.

LE GÉNÉRAL

On est fier. C'est bien. C'est déjà une petite base. Nous allons voir ce que nous pouvons construire dessus. Vous vous êtes attendri sur Sophie tout à l'heure. Vous aviez donc déjà imaginé sa peine. Vous n'êtes pas tout à fait inconscient?...

DAVID EDWARD MENDIGALÈS

Mais ce qui est parfaitement absurde, c'est que Sophie ait lu ce communiqué! Elle n'aurait jamais dû le lire. Tout est la faute de la vanité enfantine de papa. C'est prématuré, c'est très prématuré. Il aurait suffi d'annoncer cela dans deux ou trois mois. Je ne comprends pas papa, c'est un vrai gamin!

LE GÉNÉRAL

Et dans deux ou trois mois?

DAVID EDWARD MENDIGALÈS

Mon stage à l'usine prenait fin, ma petite aventure avec Sophie était vécue, pour tous les deux. Elle m'aurait envoyé un petit mot blagueur pour me féliciter (comme je l'aurais fait moi-même dans le cas contraire) et voilà tout. Sophie est une fille qui sait jouer le jeu. Mais aujourd'hui, j'en conviens, c'est trop tôt! C'est beaucoup trop tôt. Croyez que je suis navré, Général.

LE GÉNÉRAL *va à lui,*
essayant honnêtement de comprendre.

Enfin, saperlotte, je veux bien qu'il y ait
un fossé entre chaque génération; je veux
bien, comme l'assure *l'Express,* que le monde
progresse toujours, mais nous sommes deux
hommes, avec deux bras, deux jambes, un
ventre, un cœur et un cerveau. Ni la race
des loups ni celle des lapins n'ont l'air de se
transformer aussi vite. La race des hommes
conserve bien quelques points communs, non?

DAVID EDWARD MENDIGALÈS,
très dégagé, s'installe.

Vous savez, Général, avec le renouvelle-
ment foudroyant des techniques, la marche
irrésistible des idées, il est fatal que l'homme
reconsidère de dix ans en dix ans tous ses
problèmes. Vous me permettez de fumer pendant notre discussion, Général?

LE GÉNÉRAL

Non.

DAVID EDWARD MENDIGALÈS, *rangeant*
son paquet de cigarettes.

Pardon.

LE GÉNÉRAL, *avec un effort touchant*
de logique un peu comique.

Que vous appuyiez sur un bouton ou que
vous battiez le briquet pour allumer votre

chandelle, vous n'allez pas me dire que cela peut changer quelque chose à ce que vous avez dans le cœur? Ils commencent à m'embêter avec leur progrès indéfini, tous ces jean-foutre! Ils sont tout de même trop bêtes à se figurer que le premier penseur de bistrot venu en sait plus long sur l'homme et a la tête mieux faite, parce qu'il vit à notre époque, que celle de Pascal ou de Platon! La matière est restée la même, et l'instrument aussi que je sache! L'homme n'a jamais changé, jeune homme, et il ne changera jamais — quoi qu'en disent les hebdomadaires bien pensants. Il pourra faire péter la planète ou l'organiser comme il voudra, les vrais problèmes resteront ce qu'ils ont toujours été. On est beau ou on est laid. On est intelligent ou on est bête. On en a ou on n'en a pas!

DAVID EDWARD MENDIGALÈS

De quoi, Général?

LE GÉNÉRAL, *goguenard.*

Pour le moment, mettons de l'honneur. *(Il se drape dans sa dignité.)* Monsieur, vous avez abusé de ma fille!

DAVID EDWARD MENDIGALÈS

Vous employez des termes très exagérés, Général.

LE GÉNÉRAL

Est-elle, oui ou non, votre maîtresse?

DAVID EDWARD MENDIGALÈS

Vous voyez bien que nous ne parlons pas le même langage. Vous venez de lâcher un mot qui vous paraît péjoratif et qui n'a plus le moindre sens pour nous. Sophie et moi, nous sommes de bons camarades. Elle en a eu d'autres avant moi, avec lesquels elle essayait de partager son plaisir, elle en aura d'autres vraisemblablement. Et puis, un jour, elle se fixera, comme nous tous. Moi-même, je vais bien me marier dans quelques mois. Question de circonstances, de peau quelquefois, de lassitude souvent, de métier ou d'argent. Car l'argent, lui, n'a pas cessé terriblement de compter. En cela, je suis d'accord avec vous. C'est une notion qui a très peu évolué malgré le progrès.

LE GÉNÉRAL

Parce que vous allez faire un mariage d'argent?

DAVID EDWARD MENDIGALÈS

D'intérêt, oui. Dans une certaine mesure. La petite Lévy-Dubois est d'ailleurs ravissante. Et ça a été une bonne camarade à moi, elle aussi, il y a deux ou trois ans. Puis nous nous sommes quittés, je ne sais plus pourquoi, et maintenant nous nous retrouvons et nous nous marions. C'est autre chose. L'avantage, c'est que nous n'aurons aucune surprise physique. Nous savons que cela peut aller.

LE GÉNÉRAL *ne peut s'empêcher de crier.*

Mais l'amour? Sophie vous aime. Elle sanglotait tout à l'heure.

DAVID EDWARD MENDIGALÈS

Sophie était sous le coup d'une déception brutale que je ne pardonnerai jamais à papa de lui avoir causée par sa légèreté. Mais c'est une fille évoluée, intelligente. Demain, elle comprendra très bien. Nous avons l'air de vous indigner. Comprenez-nous, Général. L'amour de toutes façons, c'est raté.

LE GÉNÉRAL

C'est raté?

DAVID EDWARD MENDIGALÈS

Mais oui, c'est raté. C'est vous qui nous l'avez appris avec vos lamentables histoires. Quel choix aviez-vous, vous autres? L'égoïsme poissé de pleurs et de revendications aigries de vos collages ou le mariage de sentiment. Une jeune fille attendrissante qu'on épouse parce qu'elle sent la vanille, un soir, et qui se transforme curieusement en sa propre mère deux ans plus tard. Un nid que vous bâtissiez sur une impression de clair de lune, ou au toucher de la peau tiède d'une cuisse sous une robe légère, pour tâcher d'y vivre une vraie vie par la suite, tant bien que mal, alors qu'il n'avait pas été bâti pour cela. Vous alliez dans l'un ou l'autre cas droit à l'échec. Nous, nous l'exploitons sportivement, cet échec, en évitant qu'il n'ait des conséquences trop graves. Nous le minimisons par sa fréquence même. Vous comprenez?

LE GÉNÉRAL

Mais foutre, enfin, l'amour existe! S'il n'existait pas, il y a beau temps que nous serions tous morts.

DAVID EDWARD MENDIGALÈS

Il existe, mais il est très rare. Nous, nous n'organisons sagement rien en vue de l'amour, voilà tout. Si nous le rencontrons, nous ferons comme vous, bien sûr. Nous bêlerons pendant tout le temps qu'il durera. Nous n'avons pas de principes. Je vous assure que vous devriez me permettre de fumer, Général. Je ne peux pas discuter sans fumer. C'est un réflexe conditionné.

LE GÉNÉRAL le regarde, ahuri
de sa désinvolture. Il murmure :

Conditionné?

DAVID EDWARD MENDIGALÈS,
allumant une cigarette.

Vous savez l'histoire du chien de Pavlow? C'est passionnant. C'est soviétique.

LE GÉNÉRAL *murmure toujours ahuri.*

C'est soviétique.

DAVID EDWARD MENDIGALÈS, *qui fume enfin, ce qui le met encore plus à l'aise, si c'est possible.*

Il y a un art très délicat, Général, un peu comparable à celui de la stratégie, et dont vous avez l'air de ne savoir que les rudiments. Vous devriez bien tâcher de le mettre au point celui-là aussi : c'est celui de vivre. Vous, par exemple, Général, vous êtes le type même de l'homme qui ne sait pas vivre.

LE GÉNÉRAL *murmure, comme fasciné par David Edward Mendigalès et sa logique.*

Je suis le type même de l'homme qui ne sait pas vivre ?

DAVID EDWARD MENDIGALÈS

Mais bien sûr! Je ne parle même pas de vos rapports avec Aglaé qui sont terriblement sommaires et qui vous joueront un tour un de ces jours. Mais vos rapports avec vos enfants...

LE GÉNÉRAL

Je n'élève pas bien mes enfants ?

DAVID EDWARD MENDIGALÈS

Vous n'avez même pas su être leur camarade. Sophie n'a aucune confiance en vous.

Vous avez réussi à la fois, comme la plupart des pères, à ce qu'elle craigne vos éclats et à ce qu'elle se moque de vous. Croyez-vous que c'est un résultat ? Ne parlons même pas de Marie-Christine ! Toto...

LE GÉNÉRAL *crie soudain.*

Ne touchez pas à Toto !

DAVID EDWARD MENDIGALÈS *continue.*

Toto est votre réussite, croyez-vous ? Vous lui avez déjà farci la tête avec des questions d'honneur. Il joue à longueur de journée à délivrer des princesses captives qu'il n'aura jamais l'occasion de rencontrer par la suite, avec des épées de bois. Au lieu de s'amuser avec des modèles réduits d'automobiles, comme il serait sain de le faire à son âge. C'est un petit garçon bourré de complexes et complètement inadapté. *(Il s'est levé. Cordial :)* Ce n'est pas des leçons de rigueur, croyez-moi, c'est des leçons de facilité et d'efficience qu'il lui faudrait à ce petit. Croyez-vous que c'est un avenir de se raidir contre tout ? Allons, Général... Je suis bien jeune, il est vrai, mais j'en sais tout de même beaucoup plus long que vous, excusez-moi de vous le dire, et sur les hommes, et sur la vie... *(Il a jeté son mégot, sorti son paquet.)* Vous devriez accepter une cigarette ?

LE GÉNÉRAL

Non.

DAVID EDWARD MENDIGALÈS *qui s'est installé sur un autre fauteuil de plus en plus à l'aise.*

De la détente... de la détente, voyons! La vie est belle et elle est extrêmement facile, contrairement à ce que vous croyez. C'est comme votre conspiration qui est déjà la fable du pays. Entre nous, vous croyez que c'est sérieux?

LE GÉNÉRAL *sursaute.*

Ma conspiration? Quelle conspiration? Je ne vous suis pas.

DAVID EDWARD MENDIGALÈS, *souriant.*

Vous croyez même à son secret? C'est trop gentil. Papa en parlait l'autre soir avec le préfet, qui dînait chez nous. Tout cela est noté en haut lieu, mais on ne fait qu'en sourire. Rassurez-vous, on ne vous mettra même plus en prison! Quand vous aurez réuni douze bonshommes qui déploreront avec des coups de poing sur la table que la face du monde ait changé... vous croyez que cela modifiera quelque chose aux grandes réalités économiques et démographiques qui tracent la ligne du monde de demain? Aux élections municipales même de ce petit bourg, vous seriez incapable de modifier le scrutin... Alors, Général, alors? Cela pourrait être tellement plus simple! *(Il va à lui, léger.)* Le peuple vous déçoit? Mais nous aussi, il nous déçoit! C'est vous qui l'aimez d'un amour malheureux à vouloir

lui demander davantage. Je vous assure que
papa se fout complètement de ses ouvriers,
bien plus que vous de votre jardinier dont
vous pansez vous-même les ulcères vari-
queux m'a-t-on dit, deux fois par semaine.
Résultat : votre jardinier vous déteste. Peut-
être à cause de vos soins. Papa, lui, je vous l'assure, ne soigne pas les varices de ses ouvriers,
mais il les amuse avec des motions adoptées à la
majorité et il vote aussi à gauche qu'eux. Voilà
tout le secret !... On a construit les pyramides à
coups de bâton, maintenant on les construit à
coups de conventions syndicales et de palabres;
mais personne n'est dupe. Sauf quelques origi-
naux comme vous qui n'ont encore rien compris
à rien. L'essentiel est de faire suer l'esclave,
d'une façon ou d'une autre, puisque le monde,
depuis toujours, est bâti sur son travail et
qu'il le sera toujours, du fait même qu'il est
le nombre. Alors il faut jouer la comédie...
Ce ne sont que les paroles qui ont changé.
Le canevas est le même. Tenez... C'est l'inaction qui vous pèse. Je pourrais en parler à
papa si vous m'y autorisiez : un général, même
peu compétent, cela fait toujours bien dans
un conseil d'administration...

LE GÉNÉRAL *s'est redressé.*
Il dit soudain :

Petit salaud.

Et il le gifle deux fois, aller retour.
David Edward Mendigalès jette sa ci-

garette et décroche au général un terrible
coup de poing au menton. Le général
s'écroule au milieu de ses fauteuils.

DAVID EDWARD MENDIGALÈS, *tout pâle.*

Général, je m'excuse, mais dans mon élégant collège, comme vous dites, on nous ap-
prenait aussi la boxe anglaise. *(Un petit*
silence, il ajoute froid :) Je suis navré, Général. Mais vous comprendrez certainement que
je ne pouvais pas me laisser battre.

Le général s'est relevé à demi, péni-
blement, il est assis par terre, lamen-
table, se tenant le menton au milieu de
ses fauteuils renversés.

DAVID EDWARD MENDIGALÈS

Voulez-vous me permettre de vous aider à
vous relever, Général?

LE GÉNÉRAL

Merci. Foutez-moi le camp. Je reste par
terre. Je réfléchis.

David Edward Mendigalès s'incline,
un peu surpris, et sort.

Le général, resté par terre, réfléchit.

Le rideau tombe.

FIN DU TROISIÈME ACTE

QUATRIÈME ACTE

*La décoration du petit théâtre est achevée. Il y a
le rideau. En scène, en bas, le docteur, Lebelluc,
Ledadu, Bélazor, tous costumés maintenant avec
des chapeaux ridicules.*

LE GÉNÉRAL *paraît sur le petit théâtre.*

Messieurs, nous continuerons donc à répéter sans Monsieur Mendigalès rappelé brusquement à Paris. Ces quelques répétitions
sont d'ailleurs providentielles. Elles vont nous
permettre de nous réunir encore quelques
jours, jusqu'au 2 août, sans donner l'éveil.
Après, nous aviserons aux moyens pour nous
d'entrer dans la clandestinité. Nous allons
certainement être très surveillés. Car c'est
un fait, je vous l'ai dit, nous avons été vendus. Par qui? C'est ce que nous éluciderons
plus tard, en décidant le châtiment du traître
s'il y a lieu.

LEDADU *a un geste.*

Rrran!

BELAZOR *hausse les épaules.*

Pourquoi veux-tu qu'il y ait un traître, mon coco? Marie-Christine a tout entendu l'autre jour. Ne cherche pas plus loin. Alors, pas Rrran! Ledadu. *(Il a un geste de fessée.)* Pan-Pan! Tout au plus.

LE DOCTEUR, *un peu gêné,*
après un coup d'œil furtif aux autres.

Général... Je voulais vous dire quelque chose... Pour la pièce, je suis des vôtres. Vous avez fait de moi un adepte forcené. Je compte bien ne pas en rester là et organiser une troupe d'amateurs permanente dans le pays. Pour ce qui est de la conspiration...

Il a encore un regard aux autres, il s'arrête.

LE GÉNÉRAL

Pour ce qui est de la conspiration?...

LE DOCTEUR

J'ai bien réfléchi. Et je crois savoir que ces messieurs sont un peu de mon avis. D'abord, nous sommes vendus. C'est vous qui nous l'avez dit. Ensuite, je crains bien que nous ne soyons impuissants, ce qui est encore plus grave, tout compte fait, que d'être trahis. Et puis...

LE GÉNÉRAL

Et puis?...

LE DOCTEUR

L'état actuel de la France nous inquiète tous, bien sûr, mais nous ne sommes même pas d'accord sur les moyens d'y porter remède. Notre dernière discussion nous l'a prouvé.

LE GÉNÉRAL, *après un temps.*

C'est bien. Je ne compte plus sur vous, Docteur. D'ailleurs je n'y ai jamais beaucoup compté. Vous avez attrapé l'esprit du siècle. C'est une des rares maladies sur laquelle les antibiotiques n'agissent pas. Je sais que vous êtes un homme d'honneur, je n'ai pas besoin de vous recommander la discrétion.

> *Le docteur a un geste et se retire un peu. Le regard du général rencontre celui de Lebelluc qui bafouille :*

LEBELLUC

Moi, vous comprenez, Général...

> *Il s'arrête.*

LE GÉNÉRAL, *impitoyable.*

Pas encore, Lebelluc. Poursuivez.

LEBELLUC

Pour les idées, je les trouve intéressantes. Mais je ne vous cache pas que tout cela me paraît un petit peu très-dangereux. Franchement, il n'y a que des coups à gagner là-dedans! Imaginez que des contradicteurs surgissent pendant l'une de nos réunions; quelques solides gaillards qui ont le coup de poing facile... Ils en regorgent de l'autre côté. Alors...

LE GÉNÉRAL

Alors?

LEBELLUC

Je n'aime pas les coups. Ni en donner, remarquez-le bien, ni en recevoir. Je crois que tout cela devrait se régler d'une façon plus démocratique. Dans de libres discussions au grand jour. Je suggère, par exemple, une réunion contradictoire, organisée, où tout le monde dirait ce qu'il pense, poliment, avec un président et une sonnette. D'abord on peut toujours espérer convaincre son adversaire...

LE GÉNÉRAL *ricane.*

C'est rare!

LEBELLUC

Et puis on n'est pas forcé de parler. C'est un point qui a son importance. On peut très bien être là en simple spectateur. Je ne sais pas si vous me comprenez très bien.

LE GÉNÉRAL, *raide.*

Je vous comprends très bien, Lebelluc. *(Il se retourne vers Bélazor qui n'a rien dit, gêné, un peu à l'écart.)* Et toi? Je sens que tu as aussi quelque chose à me dire, toi.

BÉLAZOR *commence, gêné.*

Moi, n'est-ce pas, mon coco, c'est un peu différent...

LE GÉNÉRAL, *froid.*

Épargne-moi, momentanément, le coco.

BÉLAZOR

Pour les idées, tu sais ce que sont les miennes. Cent pour cent. Comme dit Monsieur Ledadu en parlant de ses casseroles... Et que tout gringalet que je suis, les coups ne me font pas peur. Mais...

Il s'arrête.

LE GÉNÉRAL

Mais?... *(Il a pitié de lui.)* Tu veux que ces messieurs nous laissent un instant pour la lessive? Messieurs, vous êtes déjà tous habillés, mais je crois que le décor n'est pas tout à fait en place. Vous voulez bien vous transformer en machinistes, comme chaque jour pour nous arranger ça? Cela nous permettra de répéter dès que ces dames et Monsieur de Lépaud seront là.

LE DOCTEUR

Volontiers, Général. Mais n'oubliez pas que les braves gens sont de braves gens. Même si des petites nuances les séparent.

LE GÉNÉRAL

Je le sais, Docteur. Mais les nuances qui séparent les braves gens en temps de crise sont quelquefois épaisses comme des murs de prison.

LE DOCTEUR *disparaissant*
derrière le rideau.

N'exagérons rien, n'exagérons rien...

LEBELLUC, *au bord du rideau.*

Oui, vous voyez, mon Général, c'est cela aussi mon sentiment. N'exagérons rien !

LE GÉNÉRAL

Vous avez bien raison, Lebelluc. N'exagérons rien. Les autres s'en chargeront sûrement. *(Il les avait accompagnés sur l'estrade. Il crie à Bélazor de là-haut :)* Alors ? Vide ton sac.

BÉLAZOR, *piteux.*

Descends de là, tu m'impressionnes. Voilà cinquante ans que tu me fais peur. J'aime mieux le vider avec toi, en bas. Ça sera plus intime.

LE GÉNÉRAL

Soit. *(Il descend.)* Je t'écoute.

BÉLAZOR

Je vais te dire. Tu vas me prendre pour

une crapule certainement... Mais tu comprendras que je ne pouvais pas raconter cela devant les autres. Pour les idées, tu m'accordes que je n'ai pas de leçons à recevoir de toi. C'est moi qui t'ai fait inscrire à l'Action française en 1922. Tu te souviens?

LE GÉNÉRAL

Oui.

BÉLAZOR

Seulement il n'y a pas que les idées. Il y a la vie qu'il faut bien vivre. C'est tout un art de vivre!...

LE GÉNÉRAL, *rogue.*

Je sais. On me l'a déjà dit.

BÉLAZOR

Moi, j'ai plutôt adopté le genre léger, tu le sais. Je travaille dans le boulevard et l'opérette. J'ai de la rigueur, mais je ne m'en sers pas tous les jours.

LE GÉNÉRAL, *goguenard.*

Tu as peur de l'user?

BÉLAZOR, *ravi.*

Ah! J'aime mieux quand tu plaisantes!

LE GÉNÉRAL, *sinistre.*

Je ne plaisante pas.

BÉLAZOR

Eh bien, oui. Je ne m'en sers pas tous les jours pour ne pas l'user — précisément. La rigueur, tu comprends, c'est précieux. Il faut la garder pour les grandes circonstances. En 18, j'en ai eu de la rigueur; tu me le concèdes? Trop jeune et bâti comme j'étais, j'étais bon pour l'attente douillette et la réforme. J'ai fait des pieds et des mains pour me faire trouer la peau comme les autres. Et j'ai réussi à me la faire trouer.

LE GÉNÉRAL, *impatienté.*

Moi aussi. Mais on nous a rebouchés. Passons.

BÉLAZOR

En 40...

LE GÉNÉRAL *le coupe.*

Passe les guerres! C'est moi la culotte de peau et il te faut des batailles pour avoir des références. Arrive à la paix.

BÉLAZOR

Justement. J'y arrive. C'est à la paix que les difficultés commencent toujours, je ne te l'apprends pas. Les guerres c'est simple.

LE GÉNÉRAL

Mais ça n'a qu'un temps! Au fait.

BÉLAZOR, *après un temps*.

Tu vas me traiter de putain.

LE GÉNÉRAL

Peut-être. Va toujours.

BÉLAZOR

Tu sais que mes ancêtres ont construit sur un piton dans un désert. Au xve siècle du point de vue défense, c'était une situation tout à fait exceptionnelle.

LE GÉNÉRAL

Je ne vois pas le rapport.

BÉLAZOR

J'y viens. La situation du château est restée exceptionnelle, mais comme ce n'est plus contre les mêmes dangers qu'on a à se défendre de nos jours, elle s'est révélée peu à peu saugrenue. Tu sais que je n'ai pas l'électricité ?

LE GÉNÉRAL

Tu mens !

BÉLAZOR

Oui. J'ai six pièces éclairées avec des quarante watts. Papa avait réussi à se faire brancher sur la commune avec un fil de fer de fortune vers 1910. J'en suis resté là.

LE GÉNÉRAL

Eh bien, si ça te démange le progrès, vas-y...
Fais-la installer.

BÉLAZOR *gémit.*

Je n'ai même pas d'eau, mon vieux! La
baronne se baigne comme sa grand-mère en
faisant chauffer son bain dans les casseroles de
Ledadu. Je suis sans eau l'été, mon puits est
à sec parce que je n'ai pas de pompe! Je ne
me lave plus, je me frotte. Et il y a vingt
chambres chez moi où on ne circule qu'avec
une bougie. Bref, il me faudrait la force, un
transformateur, etc... etc... *(Il gémit encore
pitoyable; un peu gêné tout de même.)* Sept
millions pour atteindre mon piton! Cela dépasse
un budget particulier. Surtout le mien.

LE GÉNÉRAL, *de marbre.*

Adresse-toi à la commune.

BÉLAZOR

Il y a vingt ans qu'ils m'envoient balader et
je les comprends. Tu te vois, toi, payant des
centimes additionnels pour que la baronne
puisse prendre un bain?

LE GÉNÉRAL

Je ferai un effort au besoin. Je l'aime bien,
moi aussi, ta femme.

BÉLAZOR

Merci. Mais tu seras le seul. Et tu n'as pas voix au chapitre.

LE GÉNÉRAL

Tu es classé historique. Adresse-toi à l'État.

BÉLAZOR, *doucement*.

C'est ce que j'ai fait. Je l'ai invité à dîner.

LE GÉNÉRAL

Qui?

BÉLAZOR

L'État. Michepain. Le conseiller général.

LE GÉNÉRAL *sursaute*.

Ce vendu? Ce faux-rouge qui trafique sur les bureaux de postes, les écoles et les dispensaires dans des villages où on envoie un mandat une fois par an et où personne n'est malade? Ce cloporte qui s'enrichit ténébreusement au nom du peuple avec des adjudications de travaux à des copains, pour construire des locaux toujours trop vastes qu'il doit peupler après, en recrutant de nouveaux ronds-de-cuir, parmi d'autres copains? Ce courant d'air puant?

BÉLAZOR, *piteux*.

Oui. C'est bien lui. La baronne lui a fait un dîner de roi. Bougies sur la table (c'était déjà une discrète allusion); main à baiser, elle avait sorti ses bijoux mérovingiens; moi en smoking et le vieux Jules également en livrée un peu râpée... La vraie chienlit! Mais ça a porté. Au dessert, après avoir sifflé mes dernières vieilles bouteilles, le cochon, il s'attendrissait sur l'ancienne France. Il discutait de ma généalogie. Il se faisait expliquer les chapiteaux Renaissance de la grande salle. Il me voyait déjà « Son et Lumière » avec une forte subvention. Et moi, putain, mon vieux, putain!... Comme il n'y en a plus. Qu'au cinéma. Ne lui parlant que du social, pour faire équilibre (car il devenait un peu trop conservateur, il se mettait à trouver mes bougies ravissantes : ça m'inquiétait), avec des professions de foi de vieux socialiste ramolli, la main sur le cœur. Tu me vois, pleurant comme un veau sur la misère du monde en lui servant mon dernier magnum carte rouge? Bref, une nuit du 4 août qui puait le pot de vin et la combinaison, le tout traduit en grands mots du jour, et nous en foutant, au fond, tous les deux. Ignoble, je te dis! J'ai été ignoble. J'en ai honte moi-même quand j'y repense. Et tu sais qu'il m'en faut beaucoup.

LE GÉNÉRAL, *de plus en plus glacé.*

Je ne vois toujours pas le rapport.

BÉLAZOR *gémit.*

Tu ne m'aides pas, mon vieux, tu ne m'aides

pas... Je sais bien que tu es un militaire, mais tout de même... Moi à ta place, il y a longtemps que j'aurais compris... *(Un petit temps, il lâche son paquet.)* J'ai reçu la feuille d'avis, hier soir. Je vais avoir la force, le transformateur, tout. Et les sept millions, c'est nous qui les payerons.

LE GÉNÉRAL

Qui, nous?

BÉLAZOR, *modeste.*

La France. Elle s'est cotisée pour moi. Seulement tu comprends... Après cette séance, il faut que j'aie l'air de penser bien. Sinon, ils me coupent le courant. *(Il y a un silence. Le général ne dit rien. Bélazor a honte soudain. Il soupire. Il dit seulement :)* Voilà, mon coco.

Un silence gêné encore entre eux.

LE GÉNÉRAL, *sourdement.*

Fous le camp. Je ne te connais plus.

BÉLAZOR *s'est levé.*

Mon coco!

LE GÉNÉRAL

Tu es grimé? Va jouer la pièce avec les autres. Je vous rejoins. Après le 2 août, dès que le curé aura sa recette, on raye. On raye

tout. Toi, le premier. Oublie le chemin de
cette maison. Je ne sais plus où il est, ton
nid d'aigle trop bien éclairé. Allez, fous le
camp! Va prendre tes bains! Tu es sale, en
effet. On voit qu'il y a longtemps que tu ne
te lavais plus.

BÉLAZOR, *après un temps, navré.*

Ludovic... On s'est connus tout petits. Il n'y
a que moi qui t'aime. Si tu me chasses aussi,
tu seras tout seul. Tu es trop bête à la fin!

LE GÉNÉRAL *hurle.*

J'espère bien que je suis trop bête, crénom!
J'espère bien que je serai tout seul! Va te gri-
mer. On joue la comédie dans dix minutes.

> *Bélazor va dire quelque chose. Il a
> un geste navré; il renonce et monte. Il
> disparaît lui aussi derrière le théâtre.
> Ledadu paraît à sa place dans l'entre-
> bâillement du rideau, fortement grimé,
> clownesque. Il regarde le général qui est
> resté immobile en bas, avec un regard de
> chien fidèle.*

LEDADU, *timidement.*

Mon Général.

LE GÉNÉRAL.

Oui.

LEDADU

Je vous reste, moi. Ledadu présent! A nous deux on continuera le mouvement.

LE GÉNÉRAL

Merci, Ledadu.

LEDADU

Ce n'est pas le nombre qui compte, mon Général.

LE GÉNÉRAL

Non.

LEDADU

C'est la qualité.

LE GÉNÉRAL

Oui.

LEDADU, *gentiment*.

Je sais que je suis un peu connard. *(Il esquisse l'ombre d'un garde à vous.)* Entre militaires, mon Général!

LE GÉNÉRAL

Oui.

LEDADU

Mais j'aime la France, mon Général!

LE GÉNÉRAL, *soudain lassé*.

Je sais. Repos, Ledadu.

13

LEDADU

Et l'amour, ça peut suppléer à l'intelligence.

LE GÉNÉRAL *a comme une lueur d'espoir,*
il le regarde.

Vous croyez, Ledadu?

LEDADU, *modeste.*

J'ai lu ça dans un livre. Je ne sais plus si
c'était de Lamartine ou de Courteline. En tout
cas, le nom se terminait comme ça.

LE GÉNÉRAL, *doucement, découragé soudain.*

Repos. Repos, Ledadu. Il faut se reposer de
penser de temps en temps, sans cela la tête
éclate... Je vous convoquerai pour notre prochaine réunion. Ne songeons plus qu'à jouer
la pièce maintenant. C'est l'objectif numéro
un. Il ne faut pas essayer de voir plus loin.
Tout est prêt?

LEDADU

Tout est prêt, mon Général. On n'attend
plus que Madame la Générale et vous.

LE GÉNÉRAL

La voici justement. Dites aux autres que
nous vous rejoignons.

Aglaé est entrée entièrement costumée
elle aussi. Ledadu disparaît derrière le
rideau.

AGLAÉ

Heureusement, elle n'avait qu'un tout petit rôle; nous allons devoir remplacer Sophie au pied levé. Elle a fait sa valise et elle est partie par le car de quatre heures.

LE GÉNÉRAL

Partie? Partie où, sacrebleu?

AGLAÉ

Elle avait télégraphié à sa mère qui lui a répondu télégraphiquement qu'elle l'attendait à Bruxelles où elle est en tournée. Sophie compte qu'elle lui fera faire du théâtre. Elle m'a chargée de vous embrasser et de vous dire qu'elle avait trop de peine pour vous parler; qu'elle aimait mieux partir tout de suite.

LE GÉNÉRAL

C'est bien. *(Un silence, il demande soudain inquiet.)* A qui présentera-t-elle son nouveau jeune homme, maintenant?

AGLAÉ *hausse les épaules.*

A sa mère sans doute!

LE GÉNÉRAL, *sourdement.*

Oui. Pauvre petite Sophie.

AGLAÉ, *doucement*
avec l'ombre d'un sourire.

Pas si petite que cela. Ces histoires qui

13*

vous faisaient sourire, c'est sa vie à elle qui
commence. Et c'est à elle de la vivre. Tout le
monde grandit, mon ami!

LE GÉNÉRAL

Si mal.

AGLAÉ

D'ailleurs, soyez sans crainte, dans quinze
jours elle se sera disputée avec sa mère, et
elle vous reviendra. J'ai pensé que nous pourrions demander à la plus jeune des filles de
Maître Galuchat pour le rôle. Je l'ai enten-
due réciter une fable, à la dernière distribution des prix, elle dit juste. Je l'ai convoquée
pour six heures. Elle étudie déjà son texte.

LE GÉNÉRAL *sourit, admiratif.*

Je vois que le théâtre vous a rendue une
femme de décision!

AGLAÉ

Après votre scène ridicule avec David Edward Mendigalès, il fallait bien que quelqu'un
prenne les choses en main. (*Elle est montée
sur le théâtre pour réjoindre les autres. Elle
s'arrête soudain et dit doucement de là-haut.*)
Monsieur Achille de Lépaud m'aide d'ailleurs
beaucoup. Je me demande pourquoi vous
nous avez si longtemps privés de la compagnie de ce garçon, alors que vous nous infli-

giez son père qui, lui, n'est pas drôle du tout.

LE GÉNÉRAL *grommelle*.

C'est un jeune ivrogne qui ne sait que courir les femmes...

AGLAÉ

A tout prendre, j'aime mieux les ivrognes jeunes. Ils sentent moins mauvais que certains vieux alcooliques de vos amis. Et leur conversation est plus amusante. Et si Monsieur de Lépaud ne sait que courir les femmes, comme vous dites, du moins cela lui a-t-il appris à les distraire et à les comprendre. Je trouve que c'est un compagnon très agréable et, la pièce jouée, j'espère bien que nous le reverrons.

LE GÉNÉRAL *grommelle encore*.

Jouons la comédie d'abord. Puisque le vin est tiré. Après nous verrons ce que nous ferons.

AGLAÉ, *amère*.

Cette grande flambée de distractions s'en tiendra là, n'est-ce pas? Cela aura été à la fois votre début et votre chant du cygne? Je sens que vos pantoufles vous démangent.

LE GÉNÉRAL, *grave*.

Aglaé, je voudrais que nous pensions da-

vantage à nos enfants. Je trouve que depuis
que vous ne vous occupez que de cette représentation et de votre rôle, ils sont un peu livrés
à eux-mêmes. Toto m'a paru dérouté.

AGLAÉ *hausse les épaules*.

Toto se plaint toujours! Il vous ressemble
déjà. Si vous l'écoutez, mon ami! Mes enfants
sont très heureux. Et puis j'aurai tout mon
temps pour jouer les bonnes d'enfants — ou
les bonnes mères, si vous préférez — quand
nous en serons réduits à la compagnie de
Lebelluc, du docteur et de votre cher Bélazor.

LE GÉNÉRAL

Je me suis définitivement fâché avec le
docteur.

AGLAÉ

C'est imprudent dans un si petit pays. Il
n'y en a pas d'autre.

LE GÉNÉRAL

Je lui présenterai mon derrière si je suis
malade, plus mon visage! Lebelluc est un
lâche et j'ai horreur des lâches. Quant à mon
cher Bélazor, il est rayé.

AGLAÉ, *doucement*.

Il nous restera le curé pour lui confesser
des péchés que nous ne commettrons jamais.

LE GÉNÉRAL

Il nous restera nous-mêmes et nos enfants. C'est beaucoup. C'est le monde.

AGLAÉ *a un sourire presque méchant.*

On dit que le monde est petit. C'est bien vrai.

LE GÉNÉRAL

Le monde est grand à deux. Comment croyez-vous donc qu'on le découvre? En le parcourant?

AGLAÉ

Je ne suis pas très sensible aux arguments philosophiques. C'est une faille chez moi.

LE GÉNÉRAL, *sourdement.*

Nous pouvons tout être, bien sûr. C'est une tentation. Mais c'est le meilleur moyen de n'être rien, Aglaé. Les don Juan meurent sans femme, les éternels voyageurs sans lit, les touche à tout sans talent et les petites filles qui voulaient tout vivre comme Sophie, avilies, détraquées, les mains vides...

AGLAÉ, *de sa petite voix sans ton.*

Peut-être! Mais il ne faut pas trop faire de projets d'avenir. On ne peut tout de même pas organiser sa vie pour savoir ce qu'on en pensera en mourant.

Toto est apparu devant le rideau et les regarde.

TOTO

Papa.

LE GÉNÉRAL *se retourne.*

Qu'est-ce que tu veux, Toto?

TOTO

Il y a Monsieur Achille de Lépaud qui fait demander à maman si elle voudrait venir l'aider. Il ne sait pas de quel côté il doit mettre son jabot. Et puis, il y a le laitier à la grille qui dit qu'il veut absolument te parler.

AGLAÉ *se détache, soudain redevenue vivante.*

J'y vais tout de suite! Achille de Lépaud est l'être le plus follement distrait de la terre, mon ami. Voilà trois jours que je lui explique l'envers et l'endroit de son jabot et il n'a pas encore réussi une seule fois à le mettre tout seul. *(Elle a bondi sur le théâtre et disparu, légère, derrière le rideau. Aussitôt, on entend sa voix claire qui crie :)* « Mais non! Mais non! Pas comme ça! Qu'il est empoté ce garçon! Voyons, laissez-moi faire et sans bouger, s'il vous plaît, Monsieur! »

On l'entend éclater d'un rire argentin qui se prolonge. Toto n'a pas bougé. Le général lui dit doucement, répondant à son regard.

LE GÉNÉRAL

Ce n'est rien. C'est maman qui rit.

TOTO

Qu'est-ce que je dis au laitier? Il a l'air
furieux.

> *Le laitier entre sombre, comme le*
> *Commandeur. Il croise les bras et de-*
> *mande.*

LE LAITIER

Où est-il?

LE GÉNÉRAL

Qui ça?

LE LAITIER

Mon gamin!

LE GÉNÉRAL

Je ne sais pas. Je ne suis pas sa bonne.

LE LAITIER, *hors de lui.*

Apprenez, salaud, qu'il n'en a pas de
bonne! Et qu'il n'a pas les moyens, non plus,
de s'amuser le jeudi. C'est un petit pauvre,
lui! Le jeudi, il faut qu'il travaille comme les
autres. Il a ma camionnette à laver.

LE GÉNÉRAL

Qu'il la lave! Qu'est-ce que vous voulez
que cela me foute à moi?

LE LAITIER

Il faut bien vous mettre dans la tête, une fois pour toutes, qu'il n'est pas là pour amuser les gosses des riches! On les connaît, vos méthodes! On lui offre une tartine de confiture et après on lui fait cirer les souliers! Mon fils, ce n'est pas de la graine de larbin! Et puis les enfants de salaud, c'est des enfants de salaud! Je ne tiens pas à ce qu'il continue à apprendre ce qu'il est en train d'apprendre ici!... *(Il beugle.)* Tenez! Pas plus loin que là! Sous vos yeux, pauvre ballot!... *(Il bondit dans un taillis, et en tire son fils et Marie-Christine, tout rouges. Il commence à battre abominablement son fils à coups de poing et à coups de pied.)* Petite ordure! Petit cochon! Petit con! Quand elle t'aura fait un enfant, c'est toi qui les paieras les mois de nourrice?

Marie-Christine s'est sauvée, épouvantée, les mains sur les oreilles.

TOTO *crie, soudain.*

Papa!

LE GÉNÉRAL, *doucement.*

Oui, mon petit.

Il va au laitier stupéfait, l'arrache à son fils, le retourne et le gifle deux fois. Le laitier pousse un rugissement et saute sur lui. Courte lutte où le général a visiblement le dessous. Finalement, le

*laitier l'étend raide à terre d'un coup de
tête dans l'estomac, au milieu des fauteuils, à la même place que David Edward Mendigalès.*

LE LAITIER

Tu l'auras voulu, fasciste-assassin!

*Il s'en va à grands pas, traînant son
fils. Le général revient à lui.*

TOTO, *qui s'est précipité.*

Papa!

LE GÉNÉRAL, *au milieu de ses fauteuils.*

Ce n'est rien. Je suis bien tombé. Je
connaissais le terrain.

TOTO

Il t'a fait mal?

LE GÉNÉRAL, *qui grimace un peu.*

Toto, les coups ne font pas mal. C'est une
idée d'eux qu'on se fait.

TOTO *crie soudain.*

Papa, je n'irai jamais à la guerre!

LE GÉNÉRAL, *qui se relève péniblement.*

Je l'espère bien, mon petit. Mais il ne
faut pas dire ça. On ne sait jamais si on n'ira
pas un jour à la guerre.

TOTO

J'ai peur d'avoir mal!

LE GÉNÉRAL

On s'y habitue très bien. Et il y a des
choses plus importantes que d'écouter le mal
qu'on a, Toto. Tu as toujours du mininistafia?

TOTO

Oui. Je l'économise.

LE GÉNÉRAL

Il ne faut pas trop l'économiser non plus.
C'est peut-être pour cela que tu as peur.
Croquons-en un petit bout tous les deux.
(*Toto lui donne un bout de mininistafia. Ils le
mâchent tous deux en silence, graves, l'un en
face de l'autre.*)

LE GÉNÉRAL, *quand il a avalé.*

Voilà. Ce soir j'irai trouver le laitier et cette
fois, c'est lui qui tombera au milieu de ses
pots de lait; tu n'en doutes pas, j'espère,
Toto? Remarque, d'ailleurs, que s'il avait été
un gentleman, il aurait dû attendre que je me
relève pour voir ce que j'avais décidé. Mais
cela ne fait rien. Il le saura ce soir. Maintenant nous devons répéter la pièce.

TOTO *crie encore.*

Je ne veux pas que tu y ailles! Il est plus
fort que toi.

LE GÉNÉRAL, *doucement*.

Ça n'a pas une très grande importance,
Toto, malgré ce que tu viens de voir. Au
combat, tant qu'on n'est pas mort, il y a tou-
jours des surprises possibles. *(Il demande :)*
Tu connais l'histoire de Jeanne d'Arc et des
Anglais?

TOTO

Oui.

LE GÉNÉRAL

Elle non plus, elle n'était pas la plus forte.

TOTO

Oui, mais toi, tu n'es pas Jeanne d'Arc!

LE GÉNÉRAL, *frappé*.

C'est juste. *(Mais il ajoute :)* Tu oublies,
Toto, qu'elle non plus, au début, elle n'était
pas Jeanne d'Arc.

TOTO

Qui était-elle, alors?

LE GÉNÉRAL

Une petite bergère qui ne pouvait rien.
Rien du tout, crois-moi, compte tenu des circonstances. Et tu vois ce que ça a donné?

TOTO, *logique*.

Oui, mais il y avait le bon Dieu!

LE GÉNÉRAL, *doucement,*
après un temps.

Mais, il faut espérer qu'il y a toujours le
bon Dieu, Toto. Qu'est-ce qu'il t'apprend
donc, le curé, il ne te parle pas du bon Dieu?

TOTO

Non. Il me fait apprendre le catéchisme.

LE GÉNÉRAL *sourit.*

Ah! comme tout est compliqué, toujours!
Je t'expliquerai tout. En bloc. Quand tu seras
grand. *(Il le regarde et lui dit gauchement avec
un soupir :)* Dépêche-toi. Je t'attends avec
impatience, Toto... Tu n'en finis plus d'être
petit.

TOTO, *avec un peu de nostalgie.*

Oui. Mais quand je serai grand, toi, tu
seras vieux.

LE GÉNÉRAL, *lui tapant sur l'épaule.*

On tâchera tout de même de se croiser
sur la route, Monsieur.

*Ledadu paraît dans l'entrebâillement
du rideau.*

LEDADU

Mon Général, on n'attend plus que vous.

LE GÉNÉRAL

On y va! *(Ledadu disparaît.)* Maintenant, Toto, nous allons faire quelque chose qui est très important aussi, tout compte fait : nous allons jouer la comédie. Dans la vie, il faut avoir du courage, sa petite provision de mini- nistafia et il faut gaiement jouer la comédie. L'homme est un animal inconsolable et gai. Je t'expliquerai ça aussi un jour. L'essentiel est de pouvoir se regarder en face, le matin, en se rasant. Redonne-m'en un bout tout de même!

TOTO, *fouillant dans la poche
de sa culotte.*

Tu t'en bourres! On le gaspille.

LE GÉNÉRAL

Aujourd'hui, c'est un jour exceptionnel. *(Il mange encore un morceau de mininistafia, puis il installe Toto sur une chaise, dos au public au milieu de la scène.)* Voilà, tu vas t'asseoir là, tout seul. Tu seras notre spectateur.

TOTO

Ça va être marrant?

LE GÉNÉRAL

Ça va être marrant. Et s'il y a un moment où cela l'est moins, n'aie pas peur. C'est pour du semblant.

TOTO

Oh! je sais! J'ai déjà été au guignol.

LE GÉNÉRAL, *qui monte sur l'estrade.*

Eh bien, tu verras en grandissant, Toto, que dans la vie, même quand ça a l'air d'être sérieux, ce n'est tout de même que du guignol. Et qu'on joue toujours la même pièce.

TOTO

Alors on ne doit plus jamais rire?

LE GÉNÉRAL, *avant de disparaître dans l'entrebâillement du rideau :*

Si. L'homme a cela de charmant, Toto. Il rit quand même.

Il a disparu. On l'entend crier : « Tout le monde est prêt? Les trois coups, Ledadu. »

Un petit temps, puis les trois coups sont frappés, un air de guitare et le rideau s'écarte sur un décor sommaire. Sur une place de style espagnol, Aglaé est dans les bras d'un jeune homme masqué qui l'embrasse. Par les côtés du décor deux figures de grotesques — en l'occurrence Lebelluc et Ledadu — surgissent, les observent et se retournent faisant un

*clin d'œil au public. La musique n'a pas
cessé pendant cette pantomime.*

*Tout cela est furtif, rapide, en vérité
le vrai rideau tombe presque en même
temps que le petit rideau à l'italienne,
s'écarte sur le petit théâtre.*

FIN
DE L'HURLUBERLU

ACHEVÉ D'IMPRIMER
— LE 3 AVRIL 1959 —
PAR L'IMPRIMERIE FLOCH
A   MAYENNE   (FRANCE)

Dépôt légal : 2e trimestre 1959
Mise en vente : avril 1959
Numéro de publication : 422
Numéro d'impression : 4146